たった60日間で手に入れる

女性が輝くひとりビジネスの

人生、夢を捨てなくても輝き続ける方法つくり方

冲田賢史 著

セルバ出版

はじめに

私は自分の人生はある意味で「ガイドされてきたもの」だと感じています。そもそも目に見えないものなど一切信じてこなかったのですが、これまでなんども「運命を信じざるを得ない」といった奇跡に救われてきました。

生きることが難しかった幼少期。逆境にいて何度も人生をあきらめようとおもった10代。社会にでてみても「生きることが辛い」という心のあり方から抜け出すことはできませんでしたし、ずっと罰を受けているような感覚に陥っていました。

そしてそれを償うことが人生だと感じてきました。

そんな考え方をしていて人生が楽しいはずはありませんでした。ですが、どんなときも運命は私を導いてくれていました。

本書を開いてくれたあなたにお伝えしたいことがあります。それはこの世界は可能性に満ち溢れているということです。しかもその可能性は自分で選択することが可能です。

「信じられない」と思うかもしれませんが、いまはそれで大丈夫です。
本書を読み進めていくにしたがってあなたの運命の物語が幕を開けます。
あなた自身で物語を進めていくうちにあなたももしかするとガイドの存在を認識するかもしれません。

それではページをめくって物語を進めてみてください。

2023年3月

冲田　賢史

『たった60日間で手に入れる女性が輝くひとりビジネスのつくり方』
～人生、夢を捨てなくても輝き続ける方法～　目次

第2章　1日目　過去にさかのぼり原石を集める

第3章　7日目　無理なく自分を活かし輝ける場所を探す

第4章　14日目　本来の自分に出会い魅力を演出する

第5章
21日目　新たなお金の源泉をつくる

第6章
31日目　人生に変化を与える最初のプレリリース

第7章　40日目〜60日目　未来を変える夢のはじまり

第1章

0日目
神様から与えられた天命に出会う

1　きっかけとなるシード(種)を見つける

「本当にやりたいこと、全部やればよかった」

そんな後悔を抱えたまま人生の終わりを迎えるのは誰もがイヤだと思います。やりたいことを「全部やりきる人生」と「ガマンする人」なら、ほとんどの人が前者を選ぶでしょう。

これからする話は、神様から与えられたあなたのギフトに気づくことで、やりたいことをすべてやりきる最高に楽しい人生を手に入れる秘密です。

私たちは誰もが人生で与えられた天命があります

それに気づくだけで人生は180度変わるといっても言い過ぎではありません。いま日本では独立してビジネスをはじめる女性がどんどん増えています。その多くは結婚して家庭をもつ女性たち。彼女たちは会社に勤めたのち、結婚して出産も経験しています。その後、また会社に戻るのですが、40歳を超えたくらいで起業する人がたくさんいます。

彼女たちの多くは「私の人生、このまま終わるのはイヤ」「昔からやりたかった夢をあきらめたくない」そう感じています。

長い年月ずっと子育てと仕事で、自分のことを考えるヒマもない状況が続きます。休むヒマもない状態。それから何年かしてやっと子供がある程度しっかりしてきたとき、自分のことを考えはじめます。

そうして「私の人生ってなんだったんだろう…？」と自問自答。若いころを思い出して、少しさみしい気持ちになります。「昔はドキドキしていたな」「あんなこともやりたかったな」そんな風に考えても、過ぎてしまった時間は戻ってこない。

しばらく考えてから…、「自分で何かやってみよう」そう決意してビジネスをスタートする人がいます。

ラッキーなことに、いまは女性にとってビジネスで夢を叶えやすい時代です

インスタグラムで写真を投稿して商品を告知し、ライブ配信でたくさんのお客さんを集めることは当たり前。長ったらしい文章を書くのが苦手だったり、パソコンでの操作が苦手でも、スマホで写真を投稿するだけで世の中にアピールすることができます。

自分の感性や感覚をベースにビジネスができてしまうのです。こんなに素晴らしい時代は人類の歴史を見てもありません。

あなたも自分がワクワクできるビジネスを持つことができます。

ここからは実際に夢を叶えた女性たちの話も交えながら、女性が輝き続けることのできる天命をベースとしたビジネスのつくり方をお話していきます。

2 「はじまりの魔法」の質問

無意識の衝動を発見する

まず最初にこれからビジネスをはじめていく上で、手に入れる必要があるアイテムの話をしていきます。はじめに手に入れるべきアイテムは「シード」です。

シードとは「種」という意味です。土に種をまいて丁寧に水をあげると、芽が出ます。そのまま育てると花が咲いたり、実をつくったりします。そしてより大きく成長します。

ここでいう種がシード、芽が天命です。シードを土の中で育てると、天命が現れてくるということですね。天命に沿ったビジネスをするなら、まず「シード」というきっかけと、土という「環境」が大切になります。

シードは別な言い方をすると、無意識に動き出したくなってしまう「心の中の衝動」のようなものです。

僕たちは無意識に選択している

私たちは普段、自分がどんな理由で行動をするかなんていちいち考えません。

ですが、よくよく振り返ってみるとこれまでの人生で自分が選んできたキャリアや趣味は、なんとなくですが「選んで」いるものです。

言い換えると、何かを選ぶときに心の奥で無意識に「衝動」が起きています。この衝動に従っていくということです。

シード発見を発見する時間をとる

「むずかしそう？」そんな風に感じたかもしれませんが、シードを見つけるのはかんたんです。自分自身に対していくつかの質問をしてみることで、見えてきます。いくつかシードを発見する魔法の質問をお伝えします。

魔法の質問１：

私はこれまで人生の節目でどんな決意をしただろう？

魔法の質問２：

これまで苦手なことでもやり遂げたとき、どうやってやっただろう？

魔法の質問３：

もし誰にも何も言われないんだったら、好き放題になにをしたい？（お金、時間も完全に自由につかっていいのなら）

できれば紙に書いてみてください。いくつも書き出してみることで自分自身の思わぬ発見につながります。

シードを手に入れたら、これから話す3つのステージを進めていきます。

3　存在の証明

東京に住んでいる、ある女性の話です

彼女はスピリチュアルなことが好きで、占いの勉強をしながら友達を鑑定してあげていました。彼女は趣味でやっていたことなので、それを仕事にしようなんて考えてはいませんでした。

彼女はすでに起業してはいたのですが、占いとはまったく関係のないビジネスをしていました。それにスピリチュアルを仕事にしても食べていけないと考えていたからです。ですので、彼女は自分のビジネスのお客さんに無料で占いやアドバイスをしてあげていました。

彼女が起業したきっかけ

ある日、彼女が自分のビジネスの相談に来たときに、私はいくつか質問をしました。その質問とは先ほどお話しした魔法の質問です。彼女は色々と思い返しながら質問に答えてくれました。

自分でビジネスをはじめようとしたときのこと。周りから反対されたこと。起業当初になにをやってもうまくいかなくて辛かったこと。そんな話をしていく中で彼女は「なにが自分を導いてくれたのか」ということについて自分自身で気づきはじめました。

「色々思い返してみると、私が起業したのは昔にフラれた彼氏を見返したかったんです」彼女はいいました。「自分自身の存在証明としてビジネスをはじめました」

それじゃ、「存在を証明できた」と感じるためにはどんなことが起こっている必要がありそうですか？　私は聞きました。

「うーん…方法はなんでもいいような気がするんですけど」と言いながら彼女は静かに視線を下に落としました。かなり真剣に考えているようです。「もしかすると…自分の得意なことを活かしてお金を手にしていることかもしれません」

彼女の仕事に対する情熱の源泉は「存在の証明」でした。そしてそれを実現するための方法として、趣味でやってきたスピリチュアルを活かすことがよさそうでした。そうしてスピリチュアルを土台にした商品企画をつくることになったのです。

シードとは「物事のきっかけ」です。はじまりの要素なのです。まずはなんとなくでよいので、あなた自身の物語のきっかけを思い出してみてください。

4　迎えゆく３つのステージの存在

発端（ほったん）・天命・大天命

あなた自身の物語のきっかけ、シードを手にした先には３つのステージが待ち構えています。それらは発端（ほったん）、次に天命、その次に大天命という3つです。

少し想像してみて欲しいことがあります。これからあなたがはじめるビジネスが「小説になる」ことをイメージしてみてください。

発端は小説でいうなら物語のはじまりです

シード（天命の種）を手にしたら物語のはじまりです。多くの人はシードを手に入れることはできても、その先の進め方を知りません。だから迷子になってしまいます。

シードを手に入れることで冒険がはじまります。それは「天命」を手に入れる冒険の物語です。

この天命を発見する物語を進めていくことで次から次へと新しく魔法のような出来事が起こりはじめます。

たまに「私は自分の天命を知っています」という人がいますが、それは本当でしょうか？　私は天命とは「自分で決めるものではない」と感じています。私自身もそうでしたが、与えられた人生を進んでいくうちに、自分ではまったく想像もできなかったところに到達してしまう…そんなことが起こります。

自分のシードを頼りに目の前の道を1歩ずつ1歩ずつ進めます。するとある日、自分の来た道を振り返ると「信じられない」ようなところまで到達するのです。言い換えると発端をみつけてから、最初の1歩を踏み出しさえすれば物語は自然と動きはじめるのです。

その道の途中で天命は現れてきます

物語の発端を歩いていくと、なんとなく「これが天命かな?」と感じるようなイベントが起こってきます。そのような出来事が何度も起こってくると、最初は偶然のように感じますが、段々と確信に変わってきます。私たちの運命はある意味で「ガイドさん（案内）がついている」ようなものだとも言えます。

そうして天命の道を進んでいくと、大天命が現れることになります。…ただしこの大天命に出会う人は本当に少ないと思います。

私も「この人は天命を生きているな」という人には沢山出会って来ましたが、大天命と出会っている人はほんの数えるくらいしかいません。

とはいえ、天命と出会うだけで人生観が変わるようなイベントです。まずは発端、次に天命、その先に大天命があると理解しておいてください。

5　発端となるシグナルの発見

あなたがシードを手にしたとき、新しい物語がはじまります

それが発端です。発端はある日突然、誰かに誘われるようにはじまることもあるのですが、自分で決めてスタートさせる人が多いです。

これは例えると神社のお参りに似ています

神社に行って神様に「私はこんなことをがんばります！」と宣言することを発願（ほつがん）するといいます。あなたの宣言を聞いて神様は環境を整えてくれたり、縁を繋いでくれたりします。シードを手にしたあなたは「こんなことをやってみたい」とイメージを膨らませて自ら行動に起こすのです。

面白いのですが「物語の発端」がはじまると、また次、そのまた次と新しいイベントが人生に現れてきます。まるで映画のように、それまでの人生とは違った出来事が起こりはじめるのです。

大切なポイントはそういったシグナルに気づけるように意識のアンテナを張っておくことです。

意識のアンテナさえ張っておけば、シグナルに気づくことができます

そうしてあなたの物語を少しずつ進んでいくのです。大丈夫、安心してください。

あなたが望めば年齢も場所も環境も関係なく、物語はいつでもはじめることが可能です。これは本当におもしろいのですが、「物語をはじめる」と意識した瞬間から予想外の出来事やお誘いに呼ばれたりします。

それまでまったく縁のなかったところへ訪れる機会があったり、想像すらしたことがなかったような人と出会うようなことが起こってきます。

…そしてここからがポイントです。多くの人はこういった「変化」に慣れていないので、「大丈

夫かな？」と感じてしまいます。もと来た道を引き返そうとしはじめるのです。そうすることでせっかくはじまった物語は終了してしまいます。

実はあなたが気づいていないだけで毎日のように「新しい物語」は生まれようとしています。ですが、それに気づかなかったり、一歩前に踏み出す勇気がなかったことで「はじまらなかった物語」はたくさんあるのです。

そして、物語をジャマする最初のテストが起こります

ほとんどの人が「さあ、これからがんばろう」とはじめた発端をフイにしてしまう存在がいます。その名は「門番」といいます。

6　可能性の門番と出会う

シードを手にして「前に進もう」と踏み出したあなたの前に最初に現れる存在

それは「可能性の門番」です。あなたはこれから物語を進めていくことで様々な可能性を手にすることになります。

ですが、そういった可能性を手にするためには門番を攻略する必要があります。

可能性の門番とは例えば、あなたの周りにいる家族や友人の「そんなことして大丈夫？」という言葉だったりします。またあなたを不安にさせるちょっとした出来事だったり、あるいは自己投資だったりします。

門番はあなたの前にたちふさがって「ほんとうに行くの？　その覚悟はあるの？」と問いかけてきます。

これは最初のテストです

あなたの覚悟を試されているテストなのです。あなたはここで覚悟を決めて「私は前に進みます」と意思を示す必要があります。ここをうやむやにしたままでいると、いつまでたっても物語は前に進みません。なぜならあなたはまだ最初の地点から動いていないからです。

門番に自分の意思を示して、はじめて物語は次の章へと移ります。

ほんとうに面白いのですが、この「門番」はいろいろな神話や伝説でも語り継がれています。

例えば仏教で有名なお釈迦様のお話。インドの王族として生まれたお釈迦様はある日、自分のシードに気づきます。そして「私は世の中にでて人々を救いたい」と物語をはじめることを決意します。これが物語の発端です。とはいえ、一国の王子が家族を捨てて、生まれた国を飛び出すことはかんたんではありません。お釈迦様の前には門の先へと進ませないような様々な障害が現れます。新しい世界への旅立ちを阻んで、それまでいた国へと留めようとするための出来事が次々と起こるのです。平民ではなく王子として生まれたお釈迦様にとってそれはとても難しいものだったはずです。

彼のまえに現れた門番は奥さまやお父さんでした

「あなたは本当に私たちをおいていくの？」天命を歩むと覚悟したとしても、愛する人を捨てることはかんたんではなかったと思います。おそらくお釈迦様にとってもかんたんな決断ではなかったはずです。しかし彼は決断しました。家族と離れ、王位を捨てて国を離れてまでも天命を生きる道を選んだのです。

このような話をすると「え？　私も家族を捨てなきゃいけないの？」とびっくりしてしまう方がいますが…安心してください、そんな必要はありません。お釈迦様レベルの門番はそうそう現れません。考えてみてください。お釈迦様は２０００年以上も時空を超えて現代に影響し続けている存在です。そこまで大きな可能性を選択することは、よほどのことがなければないでしょう。

ですから安心して大丈夫です。門番といってもそこまで怖がる必要はありません。イメージで例えるなら「注射の針」みたいなものです。「痛いかな…大丈夫かな？」と最初は怖いですが、プスッと刺したらあっという間に終わりです。そしたら次の章へと物語はすすみはじめます。

７　成功を後押ししてくれる秘密アイテム

門番へ「前にすすむ」という意思を伝えたら、物語は次の章へと移ります

それは「新たな出会い」の章となります。イメージしやすいところでいうと、おとぎ話の桃太郎です。

桃太郎は鬼ヶ島へ旅立つと覚悟を決めたのち、道中でいろいろな仲間たちと出会います。そうです、イヌ、サル、キジなどの仲間たちですね。

桃太郎のイヌやサル、キジはメタファー（たとえ話）です

ここでいう「出会い」とは人生の先生であったり、新しい環境や知識、または道具であったりします。スターウォーズでいうならヨーダの存在。ライトセーバーもそうですね。成功を後押ししてくれる「アイテム」と呼んでいますが、実際にはこういったあなたの冒険を助けてくれる存在のことです。

日常の例でいうなら「習い事の先生」だったりするかもしれませんし、よく言われるメンターのような人のこともあります。

私のケースで言うなら、それは20歳のころに手に入れた「ギター」でした。それまでプロの音楽家になる、なんてことは考えたこともなかったのですが、ある日、いまも大切にしているギターとの出会いで運命が変わりはじめました。その出会いがきっかけとなり、私はそのギターと一緒にイギリスに旅立つことになりました。そして今も私の音楽活動を支えてくれる本当に大切な存在です。

あなたのすでに持っている可能性を開いてくれる存在

それが「成功を後押ししてくれる秘密アイテム」です。大切なポイントはこの秘密アイテムも意

識しておいたほうが気づきやすくなるということです。

ただしこの秘密アイテムとの出会いは、物語の中で多少前後することもあります。物語がはじまって、しばらくしてから出会えることも多いのです。

ポイントは「焦らず」に前に進むことです

秘密アイテムが見つからないと物語が進まない、というわけではないので安心してください。あなたが前に進んでさえいれば、必要なタイミングでかならず出会うことができます。

8　冒険のはじまり

不思議な冒険がはじまる

シードを発見して門番を攻略、そして秘密のアイテムを手に入れたら、ここからは冒険の本番になってきます。この先では様々なチャレンジが訪れることになります。もちろん楽しいこともありますが、すこし大変なこともあるでしょう。

ですが、そういった冒険を通して主人公であるあなたは成長していきます。それはこれまでの現実とは違う少しだけ非日常で不思議な物語です。特に冒険のはじまりはほんの少しの怖さもありますが、とてもワクワクできるものでもあります。

物語を「体験」する

現代に伝わるどんな物語を見ていてもそうですが、ヒットしている物語には必ずと言っていいほど登場人物の変化と成長が描かれています。

ここ2000年ほどでのヒット作といえば、西洋では聖書、東洋では仏教の説話などがあります。日本だと古事記や日本書紀ですね。

こういった神話やヒットしている小説や映画に共通していること。それは物語のはじめと終わりでは別人のように成長している登場人物たちがいることです。彼ら、彼女たちは物語の全編をとおして変化を体験していきます。

また物語で変化したり成長したりするのは主人公だけではありません。彼らを取り巻くたくさんの人たちも変化し、成長をしているのです。

僕らはこのように物語を「体験」することで自らのステージを昇っていくのです。

大切なことですが、僕らが変化して成長するのは物語の体験を通してです。なにか新しい知識を得ることではありません。新しいことを覚えたり、勉強することは素晴らしいことなのですが、それは賢くなるということはあっても、成長しているということとは違います。

必要なことは物語を通しての体験なのです。ここから大切になってくるのは何かを覚えたり、複雑なことをやるのではなく、物語で用意されたイベントを1つひとつただ体験することが求められます。そういった体験を通してあなたは変化をしていくことになります。

「はじまりの物語」のすすめ方

実際に物語の進め方については、これから先で具体的に話をしていきます。

そしてあなたに意識してほしいことは「急いで先にすすめる」ことではなく、１つずつの章をきちんと体験するということです。僕ら人間は短期的な成果が欲しいのでとにかく先を急ぎがちですが、ただ単に成果を手にするだけではもったいないです。

大切なことは体験することだと理解してください。

9　恐怖との対話

魔王との対面

冒険を進めていく中では様々な「敵」も現れます。かんたんにやっつけることのできる敵もいれば、なかなか手ごわい敵もいます。そしてすべての物語にはクライマックスが存在します。一番盛り上がる部分ですね。それは恐怖の魔王との出会いです。

門番・小さな敵・魔王

物語の中で現れるキャストは門番、小さな敵、そしてたまに中ボス、そして魔王です。門番についてはすでに話しましたが、小さな敵は「やったことがないこと」だったり、「すこし抵抗を感じること」だったりします。

例えば自分の商品をはじめてのお客さんにセールスすることだったり、広告などのお金を使ってビジネスをするという体験です。

気づいたらやっつけていた中ボス

物語の中には中ボスもでてきます。おもしろいのですが、多くの人に共通するのは「そういえば中ボスもいたな…」という感覚です。中ボスというと、なかなか手ごわい敵のはずなのですが、主人公であるあなたは物語に夢中になっているあまり、その存在に気づかない…ということがよくあります。

中ボスなのに扱いが雑でかわいそうなくらいですが、そんなくらいでいいのです。それだけ人生で夢中になれることがあるって素敵ですよね。

魔王を倒したごほうび

物語のクライマックスに現れる魔王を倒したら宝物が手に入ります。それは大きな売上だったり、たくさんの応援してくれる仲間だったり、子供の頃からの夢が叶う出来事だったりします。中には予想もしないような宝物が手に入ることもあります。私もこれまで何人も魔王を倒してきましたが、毎回驚くような素晴らしい宝物を受け取っています。

実はこういった存在はあなたの物語を盛り上げてくれる存在でもあります。桃太郎に鬼がいなければ、ただ「船で無人島にいった」という話になってしまいます。南の島でのバカンスの話になりますよね。起承転結もあったものではないです。「桃太郎は友だちとハワイでバカンスを楽しみました」終わり。これでは誰が見ても面白くありません。

敵や魔王は物語を最高に素晴らしいものにしてくれるスパイスなのです。そして魔王を倒したら、また次の新しい物語をはじめていくのです。

10 「どうせうまくいく」と考える

はじまりを邪魔するネガティブをスルーする

これから物語をはじめるあなたに知っておいて欲しいことがあります。

それは「どうせ私はうまくいく」という考え方です。僕ら人間はネガティブなものに反応するような仕組みをもっています。これは生物として生きていく上では欠かせないものです。「これは危険かもしれない…」と考えて予想することがなければ失敗を繰り返すことになるからです。

天道人を殺さず

ですが、天命を生きていくなら「結果的にすべてうまくいく」ということを忘れないでください。

目の前でどれだけ大変なことがあったとしても、すべて結果的にはうまくいきます。「天道（てんどう）人を殺さず」という言葉があります。天は慈悲深くて人を見捨てることはないですよ、という意味です。

私の友人でイラン人の男性がいるのですが、彼が子供のころ父親が事業に失敗しました。そして新天地として家族でドバイに移り住むことになりました。いざ新しい土地で事業をはじめるぞと意気込みますが、まったくうまくいきません。

そうこうしているうちに資金が付きそうになり、彼は「このまま僕たちはどうなるんだろう」と不安で仕方なかったといいます。彼の父親までも余裕がない状態でした。

ですが家族の中で唯一、お母さんだけが「ＥＶＥＲＹＴＨＩＮＧ ＷＩＬＬ ＢＥ ＡＬＲＩＧＨＴ（大丈夫、すべてうまくいくわ）」と言っていました。彼は家族全員がその言葉に救われたと言っていました。その後お父さんの事業はうまくいき、彼がマレーシアの大学に進学して無事に卒業することができました。

「大丈夫、最後にはうまくいく」

難しいことが起こったときはぜひこのように考えてください。物事は深刻に考えてもいいことは何一つありません。人生でこれまで散々な目にあってきて、「深刻さ」をやり尽くした私がいうのですから、多少なりとも信憑性がありますね。かならずいい結果が待っているので、どんどん物語を進めていきましょう。それでは次の章からは60日でビジネスを立ち上げる具体的な話に移っていきましょう。

プレゼントの箱を解放する

これからあなたは時間を飛び越えて人生の５つのステージをいったりきたりしながら、本当のあなたと出会います。その中で生まれ持って与えられたプレゼントを手に入れ、生きてきた過程で自然と手に入れることになったプレゼントを紐解いていきます。

多くの人は自分自身がすでに持っている素晴らしいプレゼントに気づいていません。「私はまだ初心者なので…」という人がいますが、それは自分自身の本当の素晴らしさについて「まだ」見えていないだけだと言うことです。自分を見ることなく、うまくいっているように見える他人を追いかけ続けていたらいつまでたってもどこにもたどり着くことはできません。

ですが安心してください。どんな人でも必ず与えられた素晴らしい力が存在しています。そしてその力は意識すればするほどより存在感を増すことになります。あなたの中にある「素晴らしさ」をもった力をみつけて、それを活用する魔法について見ていきましょう。繰り返しになりますが、これから先どのようなことが起きたとしても大丈夫です。あなたがどのような体験をしたとしても最後には必ずうまくいくように人生はデザインされています。言い換えると必要なことは必要なときにきちんとあなたの前に現れてくれるのです。次の章からあなたはそれを体験することになります。

第2章

1日目
過去にさかのぼり
原石を集める

1　もうひとりの自分に出会う

これからはじまる物語の主人公はあなたです

そして物語をはじめる最初の地点で、あなたは「もうひとりの自分」に出会います。言い換えると「過去の自分」です。

実は旅立ちをはじめるうえで必要なことは、すべて「過去のあなた」が持っています。いまからもうひとりの自分と出会ってビジネスの原石を見つける話をしていきます。多くの人はビジネスをスタートするとき、なにか新しいものはないかな？　と自分の外側のチャンスを探します。

ですが、そのチャンスが本当にあなたとマッチしているとは限りません。自分にマッチしていないことはどれだけトライしたとしても、なかなかうまくいくことはありません。自分のシードに共鳴することからはじめる必要があるのです。これはとても重要なポイントです。

…そういった意味では、ここでお伝えすることは全体を通して最も大切な部分になるかもしれません。

過去の自分＝未来のお客さん

もう1つ、興味深いのはあなたの過去は「未来のお客さん」である可能性もあるということです。

「え？　過去の自分が未来のお客さん？」と混乱するかもしれないので説明しますね。

あなたがこれから商品やサービスとしてお客さんに提供していくもの。それはもしかするとあなた自身が過去に悩んでいたことだったりします。あるいはいまも取り組んでいる人生の課題だったりするかもしれません。あなたが過去の自分を振り返ってみると、昔は悩んでいたけど「いまの自分だったら解決方法がわかる」ということもでてくると思います。言い換えると「過去悩んでいた自分」がお客さんになることがあるということです。

あなたはビジネスを通して過去の自分を救うというケースもあるのです。シードはあなたがこれまで「体験してきたこと」から生まれた衝動です。その衝動をきっかけにビジネスに取り組むことは何よりの大きなパワーになります。このように過去の自分を洗い出すことの価値は大きいのです。

2　人生を振り返るスパイラル発見シート

人生のステージ

これまでの人生を振り返るとはいっても、何からはじめたらいいの？　と疑問に思うと思います。そこでかんたんに振り返ることのできる『人生のスパイラル発見シート』を用意しました。人間は知性や精神の発達にしたがって段階的にステージを分けることができます。

このことをステージ理論というのですが、このシートでは年齢別でステージが描かれています。

それぞれのステージごとにそのときに起こった出来事を記入していきます。

5つのステージ

このスパイラル発見シートでは本能ステージ、感情育成ステージ、社会との調和ステージ、社会人ステージ、精神ステージと5つのステージに分けています。実際にはこの先も続いていくのですが、今回はシンプルに5つのステージにまとめています。

僕たちはこれらのステージを進んでくる中で自分自身の得意な部分や苦手な部分、好きなことや苦手なことなどを感覚的に理解していきます。ここからはそれぞれのステージついても話しておきます。

本能のステージ

本能ステージは0～4歳くらい、文字通り本能だけで生きている状態です。まだ小さいのでこの頃の記憶がない人も多くいます。ですから、書き出すことができなくてもあまり気にしなくて大丈夫です。人によっては0歳からの記憶がある人がいます。その頃の体験が人生のテーマになる人もいます。

感情育成ステージ

5歳～9歳くらいは家族や家族の外側の人たちとのコミュニケーションを通して感情的な学習を

していきます。特にこのステージで起こった感情的なイベントが大人になってからの行動パターンに大きく影響することが大きいです。強烈なトラウマなども10歳までにできることが多いですね。

社会との調和ステージ

10〜20歳あたりのステージです。現代においては本格的に社会にでる前のステージですが、部活動や趣味などのアクティビティを通してコミュニティーの中で活動することを覚えはじめます。

このステージでは自分の周りや社会に対しての反抗といった衝動を体験することが多いです。

社会人ステージ

学校を卒業して会社に務めたり、自分自身で生きるためにお金を稼ぐことを覚えるステージです。一般的な年齢としては21〜40歳くらいです。人によってはかなり早い段階でこのステージを体験する人もいます。

このステージでは会社の中などで「なかなか自分の思い通りにいかない」ような体験や、これまでは繋がりがなかったような人たちとの繋がりを体験することがあります。

精神ステージ

１つの目安として50歳を超えると精神ステージに突入します。それまでの人生の経験を元に自分自身の中に様々な思考や行動のパターンを深めてゆくステージです。

この精神ステージ以前の段階をきちんと体験し、昇華していることで、様々な問題に対応したり、叡智といわれるものとなります。

人間は「らせん状」に成長している

私たち人間は螺旋状に成長していくという考え方があります。クレア・W・グレイブス博士の理論に基づき、ドン・エドワード・ベック博士とクリストファー・C・コワン博士によって発展した「スパイラルダイナミクス理論」という理論でもこのような話がされていますが、シンプルに話すと社会や集団はスパイラル（らせん状）に成長するという概念があります。

私たちは人生を通してらせん状に様々な体験を通して成長していく生き物です。少し想像してみて欲しいのですが、らせん状にぐるぐると回る船を思い浮かべてください。真上から見るとこの形は丸い円として見ることができます。ぐるぐると時計回りに同じ縁を何度も回り続けているように見えます。ですが横から見たときにはその円は段階的に少しずつ上に向かって上昇しています。これは人間の人生も同じように考えることができます。

このスパイラル発見シートを埋めていくことで、あなたが人生で繰り返している考え方や自然とモチベーションが高まってしまう要素を発見することができます。あなたが心の底から求めていることは、いったん離れることはあってもまた何度も人生に現れてきます。そしてその度に以前とは違ったアプローチで対処したり、うまく対処できている自分自身を発見するかもしれません。

3　眠っている記憶にアクセスする

繰り返しているパターンの存在

スパイラル発見シートを埋めながら、これまでの自分の人生を振り返っていく目的は「何度も繰り返している」体験や思考を発見することです。それまでに何度も取り組んだけど、途中でやめてしまったことや止むに止まれぬ事情で取り組みをストップしてしまったことがあるかもしれません。あるいは自分では意識していないけど、なぜか興味を惹かれてしまうものがあるかもしれません。

そういったパターンに気づくことで、自分の中に潜んでいる大切ななにかを思い出します。

記憶をたどっていくプロセス

とはいっても、実際に過去の記憶を振り返ることは難しいかもしれないので、かんたんにできるように音声を用意しました。このページのＱＲコードを読み込んでもらうと音声が聞けるページが開きます。

そこでスパイラル発見シートを開きながらガイド音声にしたがって、それぞれのステージを探求してみましょう。

スパイラル発見シートはこちらからもダウンロードできます。

https://strategic-branding.jp/shoseki-tokuten/

シードを発見する旅

シードを発見する大事なポイントは自分ひとりになれる場所にいって、お気に入りの飲み物を飲んでリラックスしながら取り組むということです。もしかすると1回ではなかなかでてこないこともありますが、大丈夫です。なかなか思い出せないときは少し時間をおいて、何度か取り組んでみてください。

このスパイラル発見ワークはあなたがビジネスに取り組む上での「心臓」の部分です。最も大切な中心となるものですね。人間に心臓がなければ活動することはできないように、シードがなければ動くことができません。

自分自身との対話

普段なかなかこのようなワークをしたり、自分自身と対話するという時間を持っていない人もいると思います。そういった場合はなおのこと、忙しい日常から離れて「自分を振り返る」という時間を持ってみて欲しいと思います。あなたが実際にビジネスという物語をはじめたとき、このように自分自身と対話をする時間をいかに持つかということは非常に重要なカギになります。

4　時間の概念を飛び越える

過去も未来も存在しない

少し興味深い話なのですが、僕たちの脳には時間の概念がありません。

過去や未来といったものは存在するように思いますが、「これは過去のことですよ」とか「これは未来の出来事ですよ」ということは人間の脳であたかも存在するかのように錯覚しているだけのことなのです。

だから僕たちはもう何年も昔のことを思い出して嬉しくなったり、あるいは悲しくなったりすることができます。過去のトラウマなども同じです。もうすでに「起こってはいないこと」なのにあたかも「いま、目の前で恐怖が起きている」という風に脳は錯覚します。その錯覚だけで身体がこわばったりなどの反応がでてきます。

天命にも時間の概念はない

これと同じように僕たちに与えられた天命にも時間の概念はありません。

この世界があなたを必要としているように、必要なことは何度もそれが実現するまで人生に現れてきます。そこには過去も未来も関係なく、ただ「求められている」という状態があります。

このように時間というものを飛び越えて、少しだけ高い視点で物事を考えてみることで自分自身が求められていることが見えてくると思います。それがあなたのシード（種）なのです。

そのシードに気づいて、水をあげることで土から芽がでて大きく育ってきます。そうしてどんどん成長していったある日、あなたにとって「これが天命なんだ」と気づくようなイベントが起こるのです。これは意識しないと気づかない体験なのですが、シードを手にしていると「これだな」とはっきり気づけることだと思います。言い換えるとあなたがこれからはじめるビジネスというものは「出会いの旅」ともいえるのです。それまで知らなかった自分という人と出会い、あなたのことを喜んで求めてくれるたくさんのお客さんと出会い、そして新しいスキルを手にした先で天命と出会うという旅なのです。ちなみに時間の概念がないということは、あなたが望みさえすれば物語を前にすすめるイベントを次々と起こすことが可能になってきます。

5　先天的な要素を知る

才能と特性、情熱の3要素

このスパイラル発見シートに取り組む中で見つけたいことは３つです。

それは「才能」「特性」「情熱」の３つの要素です。これら３つの要素はあなたが意識的に選んでいるというよりは、感覚的に選んできたものになります。

これらはあまり普段意識していないものなのです。言い換えると無意識にやっていることの中にあるものなのです。その３つの「無意識」でやっていることを意識に持ってくることで活用することができます。活用の仕方はのちほどお話するのですが、まずはこの３つについてお話します。

1つ目の要素：才能

才能とは「他人の10分の1の力でできてしまうこと」です。他の人が一生懸命やってやっとできるようなことだけど、あなたはラクラクやれてしまうようなことはありますか？

あなたが気づいている、いないに関わらずそういった部分があります。それが「才能」です。

逆に「好きだけど苦手」なものは才能ではありません。好きなことは趣味としてはもちろん素晴らしいのですが、それを使ってビジネスをやろうとするとなかなかに大変なことになります。

2つ目の要素：特性

特性をそのまま辞書で引くと「特有の性質」と出てきます。

あなたは他の人が持っていないあなた特有の性質というものを持っています。ですが、ただ普通に生きていてあなたの特質に気づくということはなかなかありません。あなたの持っている「素晴らしさ」はある特定の条件で素晴らしくなるものだからです。これは言い換えると、ある特定の環境や人のつながり、または他とは違う道具を使ったときに出てくることがあります。

あなたの持っている素晴らしさというのは言い換えると、それが引き出される条件があるということができます。この条件に気づくとあなたはあなたの持っている「特別な何か」を引き出すことに成功します。

少し難しく感じるかもしれませんが、自分自身の過去を振り返ってみて「こんな人と一緒に仕事をしていたときはうまくいっていたな」だとか「こんなシチュエーションでだったらとても集中できた」というポイント探してみてください。

3つ目の要素：情熱

最後に3つ目の要素は情熱です。これは文字通りあなたがパッションを持って取り組むことができることです。ここでのポイントは他の人と比べて上手い下手に関係なく没頭できる何かのことです。また人によってはやっていることが特別楽しいと感じることではなくても「理由はわからないけど止めることができない」という状態が没頭ということもあります。

人生で最も幸せな状態とは没頭していることである」といわれることもありますが、言葉にならない位の情熱を持ってできることがあなたの中に存在します。そのことに気づくかけて人生のクオリティが一気に数倍にもなるのです。

６　後天的に芽生えたパターンを知る

生まれた「後」に手に入れた要素

ここまででは自分の才能と特性、情熱の３つを見てきましたが、これら３つは生まれる前から持っていた要素と私は考えています。言い換えれば先天的に手に入れた力です。その理由はシンプルに手に入れようとして手に入れたものではないからです。

何故かわからないけど他よりうまくできてしまう。理由はわからないけどいつもうまくいく条件がある。気づいたら没頭してしまう体験がある。こういったことはすべてシードにつながります。

こういった先天的に手に入れた要素にプラスして私たちが今生で生まれてから手に入れたパターンというものもあります。このことを私は「後天的に芽生えたパターン」と呼んでいます。この後天的なパターンもあなたのシードを形づくる重要なものとなります。この後天的なパターンを知ることで人生そのものがラクになりますし、ビジネスでの成果も出しやすくなります。

後天的なパターンの発見

後天的に芽生えたパターンも普段あなたが意識していることではないのでなかなか見つけることが難しく感じるかもしれません。

この後天的なパターンとは言い換えると「いつもあなたがとる行動」です。もう少し詳しくいうと、例えば、あなたが難しい状況に追い込まれたときにいつも取る行動パターンもその1つです。

例えば、締め切りをギリギリまで伸ばすというパターンを持っている人もいれば、締め切りのずっと手前で仕事を終える人もいます。パートナーと一緒に作業することが得意な人もいれば、人にお願いをするということで目的を達成する人もいます。

これらは大体のケースで子供から大人になるタイミングで生まれてくるパターンです。そして僕たちはその同じパターンをいつも使っています。「いつもってそれは仕事のときですか？」と思う人もいるかもしれませんが、もっと頻繁です。僕たちは後天的なパターンは毎日のように使っています。

挑戦を乗り越えてきたパターン

過去の人生で難しい出来事やチャレンジがあったとき、どうやって対応してきただろうか？と質問をしてみてください。あなたがこれまでに使いこなしてきたパターンが見えてきます。このパターンにはいいも悪いもありません。単純にあなたが持っているパターンだということです。そして多くの人はこの「後天的に芽生えたパターン」というものを意識していません。

ですので、自分が持っているパターンに合わない環境や出来事にもかかわらず、無理矢理力業でなんとかしようとします。そして苦しくなって傷ついたり前に進むことができなくなったりします。

先ほども言ったように、このパターンにはいいも悪いもありません。そしてそのパターンは今後も変わることはありません。このことが理解できると人生はとてもシンプルになります。あなたはこの後天的に手に入れたパターンを使って活躍できるようなところでビジネスをすればいいからです。もちろんビジネス以外にも人生全般でこの考え方は使えます。

7　シード＝才能・特性・情熱の交差点

あなたの人生の側面に光を当てる

ここまでスパイラル発見シートをつかうことで、あなた自身の様々な部分に光を当ててきました。光を当てたからといってすぐにすべての要素が出てくるとは限りません。ですが取り組むことで必ずあなたに与えられた素晴らしいものが見つかります。

そして大切なことはここまでで発見できた才能と特性そして情熱が重なる部分の可能性を知ることです。これら３つの要素の交差点が「あなたのシード」になります。このポイントからあなた自身のビジネスの種を育てていくのです。

ほとんどの人は「起業したい」と考えたときに外側のチャンスを待っています。自分自身のシードについて知らないので、他の人が持ってきたビジネスチャンスやインターネットを見て「儲かりそうだ」と感じたといった理由からはじめてしまいます。スタート地点をそもそも間違ってしまっているのです。

成功と失敗を分けるシードの存在

多くの人がビジネスを立ち上げてほんの数年で廃業になるという話をよく聞きますが、そのほとんどの理由は自分自身のシードを無視してビジネスをはじめているからだというのが私の考えです。

もちろんシードを活かしたとしても、経済の流れに逆らったり世の中のトレンドを無視していたりすれば当然うまくはいきません。この辺についてはこの後また詳しくお話をしていくのですが、まずはこのシードを土台にしなければそもそもビジネスに対する内側からのエネルギーがわかないのです。「やりたくないけど儲かりそうだからやってみよう」だとか、「このビジネスは合理的だから勝算がある」といった考えで取り組んだとしても形になるまで続けることができない理由がここにあります。

逆に今お話ししたような3つの要素を押さえたシードからはじめることさえできれば、多少うまくいかないことがあったとしても一喜一憂することなく新しい取り組みを行うことができます。

実際のところビジネスは初めに考えた計画通りに行くことは100%ありません。実際に進めながら途中で何度も小さくハンドルを切って軌道修正していきながら形にしていくものです。

人生を心の底から楽しむ

これは例えるならテニスをしているようなものです。あなたが最初にサーブすれば今度は世界がそのボールを打ち返してきます。飛んでくるボールをしっかりと見ながらまた相手のコートへ打ち返します。このようにボールを行ったり来たりさせながらビジネスをつくっていくのです。何度もボールを打ち返すにはあなたの内側から湧き出るエネルギーが必要です。それがなければ途中でラケットを振ることができなくなるからです。

逆に内側から湧き出る言葉にならないエネルギーを持っている人はこのビジネスをつくるというゲーム自体を心の底から楽しむことができるのです。

8　シードと世界のつながり＝商品

あなたと世界との接点

シードはあなたの内側に存在します。そしてここまでお話しした内容はあなたの内側の世界に関するものでした。あなたはこれからビジネスをつくることによって「外側の世界」とつながることになります。

ビジネスとはその大きさに関係なく世の中に存在するいろいろな悩みや困難なこと、または欲求を叶えていくことができるものです。そして世の中にはたくさんの人がいて、あなたがつくり出す商品やサービスを待っています。これはイメージでいうと、暗闇の中を照らす光のようなものです。目の前が見えずに悩んでいる人たちの前に光を照らして、その先の進むべき道を提供する。これがあなたの天命をもとにつくりだすビジネスなのです。

暗闇を照らす光

あなたはあなたの生まれ持ったシードを活用して商品やサービスをつくり、これから目の前に現れるたくさんの人々の問題を解決していきます。そしてお客さんをひとりまたひとりとどんどん増やしていくことで、あなたの照らす光はより強く広いものとなっていきます。そうやってどんどん照らすことのできる人の数が増えていくと、さらに大きなお金が生み出されることになります。

その時点ではあなたはまだ自分自身のやっていることに対して「これでいいのだろうか？」など考えたり、進むべき方向を迷ったりすることがあるかもしれません。ですが、そうして数々のトライ＆エラーをしていくことによってシードのその先にある天命というものが段々と見えてくることになります。

天命とは自分で決めるものでもありませんし、最初から確信を持って「これだ」と見つかるものでもありません。あなたが自分の内側から外側の世界に対して様々なトライ＆エラーをして、軌道修正しながら進めていく旅の途中で「なんとなくこれが天命かもしれない」と見つけはじめるものなのです。

ここまでであなたはほとんどの人が気づいていないあなた自身の天命の種、シードを手に入れることができました。これはここから先の物語を進めていく上で本当にパワフルにあなた自身を助けてくれます。

9　暗やみと光は表裏一体

最悪の過去が最高の未来を連れてくる

ここまでのところであなたは自分自身についてたくさんのことを思い出してきたかもしれません。幼少期のことから10代に体験した様々な友だちが大人との出会い。楽しかったこともあるし、もう二度と思い出したくもないようなこともあると思います。中には考えるだけで苦しくなるような出来事もあったかもしれません。

ですが、あなたが体験した嫌な出来事は力に変わることもあります。多くの場合、あなたが持っている素晴らしい力はとても嫌だった体験と表裏一体となっていることがあります。実際に暗闇がなければ光は光として存在しませんし、光が照らす先には必ず影が生まれます。暗やみと光はあなたの中で常に同時に存在しています。それらに気づくことで活用することができるようになります。

僕たちは過去の自分を救うことができる

実際、私のクライアントさんたちの多くは「自分自身が過去に悩んでいたこと」を解決するための商品やサービスを開発し提供している人も多いです。

私のクライアントさんに子供の体の調整をする整体を提供している女性起業家の方がいます。実は彼女自身も子供のときにひどい肩こりや頭痛に悩まされ続けていました。原因がわからなかったのでいろいろな病院やお医者さんを回ったらしいのですが、症状は一向に収まらず、ずっと悩み続けたそうです。ひどい頭痛のせいで彼女がやりたかったスポーツも断念せざるをえませんでした。

その後、彼女はある整体の先生と出会いその先生の技術によって肩の痛みと頭痛を克服することができました。彼女はとても感動して、自分自身も整体師になることで「体の痛みに苦しんでいる子供たちを救いたい」と心の底から思いはじめました。そして彼女自身も整体師になりました。

それから数年後、彼女は実際に体の不調に悩んでいる子供たちへサービスを提供しはじめました。そして今、彼女は子供たちの体の不調だけでなく、子供の能力を最大限に引き出すための様々なサービスの提供をはじめています。

全国からたくさんのお母さんが子供を連れてその女性を頼ってきています。彼女は今自分の天命を生きはじめているということが言えると思います。

このように私たちはプラスの出来事からだけではなくマイナスの出来事から力を得て光を生み出すことができるのです。

10　旅立ちを阻む声

門番との対峙

すでに何度かお話ししている通り、ビジネスをつくりお客さんと出会っていくこの工程は１つの物語です。ここからはあなた自身の冒険がはじまります。少し前に「可能性の門番」という話をしました。シードを手にして「さあいよいよ冒険をはじめよう」となっているあなたの前に門番が現れます。あなたはこの門番たちにあなた自身の意思を伝える必要があります。「私は前へ進みます」と言う意思です。この門番たちをやっつけるためのヒントをお渡ししておきます。

代表的な門番の１つはあなた自身の心の声です

人は自分が今いる所が心地よいと感じる生き物です。毎日まいにち違うところに行ったり、違う人に会ったり、違うことをやり続けるということができる人はほとんどいません。私たちは恒常性を維持したい生き物です。

門番の正体はホメオスタシス

このシステムのことをホメオスタシスといいます。私たちは生き物として「安全でありたい」というニーズを持っています。そして生物的には現状が変わらないことのほうがより安全であることが多いのです。

実際に私たちの心臓が1分間に鼓動する回数や脈拍のスピード、呼吸する回数や体温がしょっちゅう上がったり下がったりしていたら私たちの体は「これは異常だ」と感じはじめます。そして元あった通りに戻そうとします。これはいたって正常なことなのですが、僕たちがこれから冒険を進めていく上においては厄介な存在です。

これまでとは違うことをするわけですから心も体も嫌がるわけです。ですが、このことを知っておくだけで「あ、今起きていることは単純にホメオスタシスが反応しているだけだな」と理解することができます。そうすればこのホメオスタシスの門番は簡単に通り抜けることができます。

またもうひとりの代表的な門番は現在の交友関係です

あなた自身のパートナーや周りにいる友人たちなどですね。基本的に私たち人間はコミュニティーに属して生きています。そしてそのコミュニティーの中にいる人たちは共通の文化を持っています。

コミュニティーとは1番小さな単位だと家族です。次に友人や職場の同僚など。その次にご近所さんなどのコミュニティーです。そして同じコミュニティーの中では同じような考え方を持つ人が好まれます。

コミュニティーの中に異端者がいたら、彼らにとっては居心地がよくありません。ですから追い出そうとします。これから冒険をはじめるあなたにとってはこれも大きな課題になることが多いです。なぜならあなたはそれまで周りにいた人たちとは違う行動を取ろうとするからです。

そして周りにいる人、特にあなたの近くにいる人は大きく声を上げてあなたのやろうとすることに反対をすることになると思います。

このときにあなたが理解してあげて欲しいのは彼らはあなたを攻撃しようとしているわけではありませんし、本当に心の底から反対をしているわけでもないと言うことです。

彼らがあなたに対して異論を唱える理由は単純に「寂しい」からです。

あなたが変わってしまうことで、「今ここにいるあなた」が居なくなってしまうことを考えて寂しいので反対意見を述べているのです。そんなとき、あなたにできることは「大丈夫だよ」と相手を安心させてあげることです。そうすることでコミュニティーの門番を通り抜けることができるでしょう。

門を通り抜けた先にはソウルメイトが現れます

この先すぐにあなたには出会いの機会が訪れます。あなたと共にビジネスを成長させたり切磋琢磨できるソウルメイトとの出会いです。この出会いはあなたの人生を長いスパンで、しかもあらゆる側面から充実させてくれることとなるでしょう。

第3章

7日目
無理なく
自分を活かし
輝ける場所を探す

1　人生を高め合うソウルメイトとの出会い

門番を突破した次のステップ

ここまであなたは自分自身のこれまでの人生について内側を探求してきました。ここからはあなたの外側の世界の情報を探求していきます。あなたがこれから入っていくビジネスの市場、そしてあなたがこれから出会うソウルメイトについての情報のリサーチです。

ここからの話では市場とは何なのか、そしてそこで出会った人たちとどのようにしてあなたの物語が先へと進むのかについて話していきます。

市場に存在する2つのグループ

あなたがビジネス活動をする場所のことを市場といいます。売る人と買う人が取引を行う場所のことです。市場がなければお客さんを見つけて取引をすることができません。取引がなければお金を手に入れることができないので、市場について理解しておくことはとても大切です。

市場は2つのグループが存在します。

1つ目のグループは商品を買う見込みのある人たちの集まりのことです。

2つ目のグループはその人たちに対して商品を販売する人たちです。言い換えると競合他社ですね。ライバルといってもいいと思います。この２つの要素が重なっている場所のことを市場といいます。実際に取引が行われる場所ですね。

大切なことですが、商品を買う見込みがある人たちだけが集まっていても市場とは言いませんし、商品を売りたい人たちだけが集まっていても市場ではないということです。

市場には売る人たちと買う人たちの２種類のグループが存在している必要があります。そしてそこにいる人たちの数が多ければ多いほど市場は大きいということができます。ビジネスを進めていく上でこの市場探しは最も重要な要素の１つです。

運命のソウルメイトと出会う

これから行うリサーチはただ単に情報を集める行為ではありません。リサーチはあなたが未来で出会うソウルメイト探しとも言えるのです。ソウルメイトとは魂のパートナーという意味なのですが、実際にこのステージでの出会いが一生涯のビジネスパートナーとなることがあるのです。ソウルメイトはあなたから長年商品を買ってくれている顧客さんであったり、同じ市場にいるライバルだったりすることもあります。

よく映画などで最初は敵として現れた登場人物が物語の後半では仲間になっていたりすることがあります。こういったことが現実でも起こります。ソウルメイトの存在によってビジネスを進めていく上での様々な障害を乗り越えることができたり、自分ひとりでは叶わないような規模の売上を上げることができるようになります。ビジネスを行う上での奇跡とも呼べるような成果が出せる理由がソウルメイトの存在なのです。

2　ライバル＝仲間

無限に存在する市場のニーズ

ソウルメイトはあなたのビジネス上のライバルであったり長いお付き合いをできるお客さんであるという話をしました。ですが、こういった話をすると「ライバルは敵です！」「そんなふうに競合他社と仲良くすることで大事な情報を盗まれたり、損することがあるんじゃないですか？」と不安になる人も出てきます。その気持ちはわかりますが、少し見方を変えてみましょう。

多くの人はライバルのことを敵だと考えています。お客さんを奪い合う商売敵だと考えているのです。確かにお客さんのニーズに限りがあるのならその理屈は正しいのですが、実際には違います。お客さんのニーズは無限に存在します。このことが見えてくるとライバルはともにニーズを生み出す仲間だということが見えてきます。

ライバルが居ない＝小さすぎる市場

またライバルのことを敵だと考えているとビジネスの規模が大きくなりません。さきほどもお話したように市場とは「見込客の数×ライバルの数」で成り立っています。どちらか1つでも欠けてしまうと市場として存在することができません。ライバルとは一緒に市場をつくっていく仲間なのです。もちろん相手も人間なので相性の合う合わないはありますが、彼らの存在なくして市場はつくることも拡大することもできないのです。

このような考え方ができるとビジネスを進めていく上で、あなたが実行できることがドンドン増えていきます。お互いにお客さんを紹介し合うこともできるし、自分が解決できないことでも仲間が解決することができれば紹介してあげて紹介料をもらってもいいのです。

ライバルと創る可能性

市場のニーズはどんどん拡大していく一方なので、あなたが同業他社と手を組むことで一緒にキャンペーンを行うことも可能ですし、共同で新商品をつくっていくことでさらなる大きな市場へと広げていくこともできるようになります。

このような活動していくことで素晴らしく相性の合う仲間たちも出てきます。そういった人たちがビジネスのソウルメイトとなり得るのです。

覚えておいてほしいことはライバル＝仲間だということです。その仲間たちの中からあなたの将来のソウルメイトが生まれてきます。またもう1つ大切なことは「ソウルメイトは探さないと見つからない」ということです。大切なことなのでなんとなくでも覚えておいてください。

3　舞台となる市場の大きさを知る

2つのリサーチ

それではこれからあなたが活躍する舞台となる市場についてリサーチを進めていきます。リサーチをしていく上で、知りたい情報は大きく分けて2つあります。

まず1つめはお客さんについての情報です。商品を購入する人たちがどんなことに悩んでいるのか？　いくら払っているのか？　ということです。似たような商品でも価格帯によってお客さんの層が変わります。

2つめは競合他社についてです。ライバルはどんな場所で売っているのか？　一体いくらで販売しているのか？　こういった情報を集めていきます。

市場の選び方

ビジネスをはじめていく上で最初にしてしまいがちな落とし穴があります。それはサイズの大きすぎる市場を狙ってしまうこと、そしてもう1つはサイズが小さすぎる市場を狙ってしまうということです。

例えばですがテレビやラジオでCMをどんどん出している大企業の商品と同じような商品をつく

ろうとしてしまう人がいます。ですが、これはなかなかうまくいきません。その理由は大企業はたくさんのお金をかけることができるということ。そして高いクオリティーの商品を安く大量に販売することができるからです。ですから基本的には大企業が入っているような市場は大きすぎるので最初は不向きといえます。

逆に小さ過ぎる市場もうまくいきません

市場が小さすぎるということはイコールお客さんがいないということです。これは他にはないオリジナルな商品をつくろうとする人に多い傾向があります。できるだけライバルとかぶらない商品をつくりたいと思って他にはない独自の商品をつくろうとしてしまうケースがありますが、「欲しい」と思ってくれる人がいなければビジネスは成り立ちません。

大切なことはどれだけオリジナルなことをつくったとしても、それを求めてくれるお客さんがいて成り立ちます。

マルチーズ専門のマッサージは売れない

例えば、ペット専門のマッサージ（リフレクソロジー）というビジネスがあります。ペットといえば犬や猫など色々な種類がいます。ですが、その中でも小型犬でしかもマルチーズ専門のマッサージ屋さんというビジネスをはじめたとしたらどうでしょうか？

お客さんがほとんど来ないということは想像ができると思います。市場として考えると、ペットを飼っている人の数はたくさんいますし、ペット関連の商品やサービスは多少高かったり贅沢品だったりしても買うと言う人は一定数います。

ですが、他との違いを生み出すために「小型犬マルチーズ専門」という打ち出しをしてしまったら、「新しさ」はあるのですが、お金を払いたい人の母数が少なすぎてビジネスになりません。

市場に存在するお客さんの数を把握する

もともと小型犬を飼っている人の中でもマルチーズを飼っている人数は絞られてきますし、さらに「うちのワンコにマッサージを受けさせて、犬社会のストレスから解放してあげたい」などと言う人はもっと数が少なくなります。こうなってくるとどれだけ素晴らしいサービスを提供していたとしてもそもそも買ってくれる人がいないのでうまくいきません。

こういった話をすると「まさかそんな落とし穴にはまる人なんているの？」とびっくりする人もいるのですが、実は意外とたくさんいるのです。自分がこれから入っていく市場についてはできるだけ深く調べることが大切になってきます。

多くの人は自分があつかう商品にだけ夢中になって、周りを見ることはほとんどありません。見たとしても表面的な部分だけです。だからほんの少しだけ意識を向けて、市場を見てみるだけで他の人達とは圧倒的に違うスタートを切ることができるのです。

4 競合他社の商品＋お客さんの声を調べる

お客さんがいないときの調査方法

ここまででリサーチをしていく上で知りたい情報は「商品を買うお客さんの情報」と「商品を売りたいと思っている競合他社の情報」の2つとお話ししました。ですが、これは簡単なことではありません。

これからビジネスをはじめる人はお客さんがゼロの状態です。お客さんがいなければ「商品を買いたいと思っている人」と話をするチャンスがありません。これから売ろうと計画している商品があっても「買いたい」と思ってくれている人と会えなければリサーチすることができません。

ですが、この問題を解決するシンプルな方法があります。その方法とは自分と似たような商品やサービスを売っている人のお客さんの声を聞くということです。他社のお客さんの声を聞くことができれば、商品を手に入れる前のお客さんの悩みについて知ることができます。さらにはその商品やサービスを選んだ理由などの背景情報まで見えてくることがあります。

お客さんのビフォーアフターを知る

これを実行する方法は競合他社の商品名＋お客さんの声で検索するということです。まずはじめに検索サイトでキーワードを入れれば他社の商品を紹介しているページやＳＮＳなどが出てきます。そしてそこで紹介されているお客さんの声を見ることができます。そこに載っているお客さんが最初にどんな状況でどんなことに悩んでいたのか？　そして商品やサービスを手にした結果、どんな風に問題が解決されたのか？　といったことが見えてくるのです。

ただし、注意して欲しいことがあります。中にはつくられた偽物のお客さんの声を出しているような販売者もいたりします。ですから競合他社の情報を見るときは、それがつくられたものでないかどうかということも考えておくことが大切です。

お客さんは商品は欲しくない

ビジネスをはじめたばかりの時点では「どんな商品を売ればいいかな？」と商品中心で考えてしまいます。ですが、最初に販売する商品づくりからはじめてしまうとほとんどの場合は売れない商品となってしまいます。その理由はシンプルでお客さんは商品には興味がないからです。お客さんがお金を払ってでも手に入れたいのは商品ではなく買った後の成果が欲しいのです。

いまお伝えしたように競合他社の情報とお客さんの声を最初にリサーチして、そこを土台に打ち出し方を考えれば大きくくずれることがなくなります。

ポイントは商品ばかり見るのではなく、お客さんの視点で考えてみる時間をきちんと取ることです。お客さんは商品が欲しいのではありません。望む結果が欲しいのです。

5　トレンドを生み出す可能性の未来

商品が同じでも売上が数倍変わるトレンドの力

リサーチを行っていく上でもう1つ調べておきたいことがあります。それはトレンドの存在です。世の中には常に流行廃りがあります。言い換えると、昔はとても売れたけど今では誰にも見向きもされないといった商品もたくさん存在します。その理由はトレンドが過ぎてしまったからです。

今は時代の流れが早いので、昔のように5年も10年も売れ続けるといった商品はほとんど存在しません。どれだけ人気がある商品でも常にアップデートを繰り返しているか、さもなければ消えていってしまいます。

お客さんは新しいモノが好き

市場にいるお客さんは常に新しいモノを探し続けています。トレンドの存在を無視して扱う商品を決めてしまうと、それがどれだけ素晴らしい商品であったとしても、売ることはとても難しくなってしまいます。

逆に言うと、トレンドにさえ乗っていれば商品のクオリティーが悪かったとしても売れてしまうといったことが起こります。もちろん、トレンドに乗って悪い商品をどんどん売ればいいという話ではありません。そうではなく、あなたの扱う商品が素晴らしいものでそれがトレンドに乗っていれば、想定している何倍もの売上をもたらしてくれる可能性があるということです。

自分の商品に情熱を持ちすぎていると、このようなトレンドの流れを無視してしまうことがあります。商品の機能やおしゃれさやカラーバリエーションなどにこだわってしまうばかりに市場の中で流行っているものが見えずに売れていないというものもたくさんあるのです。これはとてももったいないです。このリサーチの段階で世の中のトレンド見ておいて、「自分の商品に取り入れることができないか？」ということは考えておくことをおすすめします。

トレンドは業界にも存在する

またこれは商品だけではなく業界でも存在します。例えばテレビの業界です。昔は誰もがニュースや新しい情報を見たり、エンターテイメントを見るときはテレビを見ていました。たくさんの人がテレビを見ていたので、そこに対して広告を流せば多くの人の注目を集めることができました。

ですが、今は誰もが情報を得るのはテレビではなくてスマートフォンです。わざわざテレビを見るという人の数がかなり減ってきています。この状態が逆戻りすることはおそらくないでしょう。テレビはここ70年ほどのトレンドでした。

このようにトレンドの移り変わりを見ていくことでどの業界でビジネスをすることがいいのかが見えてきます。

6　手に入れた情報を天秤にかける

商品アイデアと可能性を知る

ここまでで将来のソウルメイトとなる業界のライバルと市場にいるお客さんについて情報を手に入れました。次は「この市場で商品を販売するなら、どんなものが求められるだろう?」という可能性を見ていきます。

仮でいいので自分が販売していく商品やサービスについてアイデアをだしていくフェーズです。

まずは市場をみてから商品を考える

ここまでのポイントはまず最初に同業他社であるライバルさんを見ることです。そして次にそこで商品を実際に買っているお客さんについてみていきます。そして最後に自分が販売するもののアイデアを考えるという順番です。

やってしまいがちな間違いは最初に自分が販売するものを考えてそのままの勢いでビジネスをスタートしてしまうということです。どんな商品であったとしてもつくるのには計画を練った時間や商品自体をつくるコスト、労力やお金がかかって来ます。

ですから、この順番を間違えてしまうと無駄なことが増えてしまいます。その結果、誰からも見向きもされないような商品を一生懸命に販売することになってしまうということもあるのです。

まずは市場を調べる、そして商品アイデアをつくること。この順番は間違えないでください。

アイデアを紙の上に書き出す

ここまでで手に入れた情報を見ていくと色々と気づくことがあるかもしれません。この業界では大体みんないくら位の商品やサービスを販売していて、どこの会社が人気があるのか？　お客さんはどんなことを期待して商品を手に取っているのか？　などがなんとなく見えてきていることだと思います。

こういった情報をもとに自分のアイデアを紙とペンを持って書き出していくということをやってみましょう。

ここでのポイントは「できるか、できないか」は一切関係がないということです。どんなこともそうですが、アイデアを出していくときはあらゆる制限を外して可能性を考えます。いろいろな情報やあなた自身の感覚を元にできるだけたくさん出してみるのです。そういったものの中にキラリと光るアイデアが出てきます。

ですからあまり真面目にならずにいろいろなアイデアを出してみるといいでしょう。小さな子供が落書きするように、紙の上でペンを走らせてみることです。クリエイティブなアイデアはクリエイティブな状態から生まれます。

7　顧客の進化レベルを知る

価格が変わればお客さんも変わる

市場ではお客さんのタイプによって購入される商品やサービスの価格帯が変わります。商品は同じでも他と比べて安い価格で販売しているところもあれば、業界の標準的な価格で販売しているところもありますね。また一部には商品の機能やサービスはそれほど変わらないのに価格は数倍以上で販売しているというところもあります。例を出すとすれば、同じコーヒーでもスターバックスで飲むのと高級ホテルで飲むコーヒーは価格が異なります。それに買っている人も違います。

ここで押さえておきたいのは商品の価格帯によってお客さんの層が変わるということです。安い価格でたくさん販売している商品を手に取る人には色々なジャンルの人たちが混じっています。飲食店で例えるならファミリーレストランです。

それとは逆に一般的な値段と比べて高額な商品を手に取る人もいます。そういったお客さんは他とは違う体験を求めていたり、商品ではなくそれの持つイメージや雰囲気が好きなどの理由で商品を選びます。飲食店で例えるなら、高級ホテルの中にあるレストランです。商品が安いからよくないだとか高いからいいということではありません。値段によってくるお客さんのタイプが変わるということですね。

市場の価格の幅を理解する

今の時点で押さえておきたいのはあなたが提供したいと考えている商品の価格の幅がおおよそいくらなのかということです。少し専門的にはなりますが、新しく生まれた市場では、商品価格のラインナップは多くはありません。同業他社が少ないからです。ですが、似たような商品を扱うところが増えるにつれて、商品価格の幅も広くなっていきます。その理由は市場の中にいるお客さんの数が増えるにつれて、細かなニーズも増えてくるからです。

市場にいるお客さんたちが手にしている商品の価格の幅を知っておくことで、販売の方法も変わってきます。一番安い価格はいくらなのか？　そして一番高額な商品はいくらなのかを知っておきましょう。

8　あなたが参入するポイントを知る

まずは価格帯を決める

市場にいるお客さんの進化レベルがわかったら、次にあなたがどの価格帯に入っていくのかを仮で決めます。このような話をすると「まだ商品について具体的なことを決めていないのに、価格帯から決めるんですか？」と驚かれるのですが、その通りです。先に価格帯を決めておくことで、このあとの具体的な行動が取りやすくなるからです。

選んだ価格帯が正しいかどうかはおいておいて、まずは参入するポイントを決めておくことで、そこにいるお客さんたちのさらに深い情報が見えてきます。

価格で変わる参加者の経験値

例えばですが、料理教室のビジネスをはじめるとして、毎月5000円の授業料をもらうのと、毎月3万円の授業料をもらうのとでは参加する人がかなり変わることが想像できると思います。

5000円の教室は安く気軽に料理を楽しみたいだとか、あるいはまだ料理に対してそれほど詳しくない初心者のお客さんが多いかもしれません。それに対して後者の月額3万円以上の料理教室に来る人は基本的には料理の経験もある程度ある人たちになります。当然期待されている授業の内容も変わりますし、扱う食材の内容や場合によっては調理器具も変わるでしょう。

参入ポイントはあとから変更できる

このように参入する価格対応を決めておくことで、あなたが実際にどんな人をお客さんにするのかが大きく変わってくるのです。

もちろん決めた価格帯でいざ提供してみたら、想像していたことと違うことが起こった…ということはよくあります。そんなときでも最初からいくつかの参入ポイントがあるということを知っておけば、イメージ通りに進まなくても修正することができます。参入する価格帯のポイントを変更すればいいと考えることができるからです。

こういったことを考えながら、取り組むことではじめの段階で大きく間違ったり失敗する確率が減ってきて安全にビジネスをスタートすることができるのです。

9　感情の引き金と運命の引き金

自分の中のセンサーを感じてみる

今の時点では、まだビジネスの準備段階ですが、こういった作業をしながら、自分自身との対話をしてみてください。その鍵は「感情の引き金」が反応するかどうかです。人間の感情には「引き金」がついています。

例えば、ドキドキやワクワクといった感情を感じるときに、何の前触れもなく突然感情が動きはじめるといったことはありません。何らかの引き金が引かれて、その結果、感情がドキドキしたり、ワクワクしたり、場合によってはイライラしたりということが起こります。自分自身の取り組むビジネスについて、あれこれイメージしたりしてみることであなた自身の感情の引き金が反応するかどうかを見てみるのです。そしてマイナスに反応する引き金をできるだけ取り除いて、プラスの感情を生む引き金だけに集中できることを考えます。そうすればあなたがあなた自身の天命に近づくスピードが信じられないほど速くなります。感情はとても重要な天命のセンサーなのです。

お金だけを追いかけると成功確率が下がる理由

もし全く感情の引き金が引かれないのであれば、もしかするとロジカルで合理的にビジネスに取り組もうとしているかもしれません。ですが、たったひとりでビジネスをはじめるとなると「これは合理的だからうまくいきそう」だというだけでは充分ではありません。

「儲かりそうだから」というだけではじめた場合、多くの人は本当に必要なことしかしなくなります。仕事自体を楽しむわけではないからです。そうなるとビジネスの成功確率としてはかなり低くなってきてしまいます。続けることが苦痛になるからです。ですが、逆にビジネスの準備をしていて、ポジティブな感情の引き金が何度も引かれるようなことがあるのであれば、それは素晴らしい兆候となります。

感情には大きく分けるとポジティブなものとネガティブなものの2種類があります。ビジネスをはじめるスタートの段階では、ポジティブな感情の引き金が反応しているかどうかということを1つの指標にしてください。人間の思考は感じている感情のものを引き寄せる性質があります。

このように考えてみると感情の引き金がまったく反応しないビジネスよりは、プラスの感情がどんどん反応してくるものに取り組むことがいいということが見えてきます。

当然ですが、はじめる前の時点でネガティブな感情の引き金を引かれるものは取り組む必要はありません。ただし、ネガティブな引き金の中でも「不安感」という感情は比較的シンプルに取り除くことができます。

10　「確信」なんて必要ない

「ほんとに大丈夫かな」と不安なとき

よく「私には自信がありません」「本当に大丈夫でしょうか？」といった相談を受けることがあります。こういった質問をされる人は、おそらく「大丈夫ですよ」と背中を押してほしいのだと思います。ですが、私はそこからもう1歩踏み出して「自分の確信なんてあてにする必要はありません」と答えています。なぜなら「大丈夫かな？」と確信を求める人は1歩1歩、毎回「大丈夫ですよ」と他人からの言葉を必要としてしまいます。それが悪いとは言いませんが、私がこれまで10年以上多くの人を見てきた中で、そのように確信を求める人は成果を手にする可能性が低いケースが多いように感じています。うまくいくかどうか不安なときに自信を求めること自体は悪いことではありません。ですが、そういったパラダイム（視点）から世界を見るよりは、全く新しく「自分で世界を創造する」というパラダイムで生きたほうが長期的にみた結果的よくなります。なぜなら人間的な成長や精神性の成長がお客さんへの提供する商品やサービスに大きく影響してくるからです。

だから自信なんてなくても構いませんし、自信をあてにしないほうがうまくいくのです。これから僕たちが歩んでいく世界には、確実感や安心といった世界観から、未来を創造する変化を楽しむという世界観で生きることが求められます。

第4章

14日目
本来の自分に出会い
魅力を演出する

1　ソウルメイトとの相性を知る

近い属性のライバルを知る

ここまでで同じ市場にいるたくさんのライバルたちを見てきました。そしてその中にソウルメイトとなる人たちがいる可能性についても触れてきました。ここからはあなたの商品を形にすべく、さらに進めていきます。

次にすることはあなたとソウルメイトとの相性チェックです。これは言い換えると、あなたと近い属性のライバルを知るということです。

お金を生みだす視点

1つの市場の中には数多くの同業他社となるライバルが存在します。その中であなたに近い属性のソウルメイトをヒントに最初の商品をつくっていきます。

このような話をすると「ソウルメイトのお客さんを奪うことにならないですか？」と悩んでしまう方がいます。もちろんお客さんを奪うということはよくないことです。ですが、既にうまくいっているものからインスピレーションを得ることで、よりよいものをつくるのは素晴らしいことです。なぜなら市場にいるお客さんはよりよいものを手に入れたいと思っていますし、すでに世の中にあるものに１００％満足しているという人も存在しないからです。その証拠に、例えばスマートフォンは毎年のように新しいモデルが生まれていますし、ファッションブランドなどにおいては新作バックや化粧品など常に新しいものが生まれています。

しかも面白いことに新しい製品だからといっても、かならず性能が高いわけではありません。ただ単にデザインが変わっただけだったり、世界観や香りが変わったりといった些細なちがいだったりします。このような視点で世の中を見ていくと視点が高くなりますし、お金を生む商品が見えてくるようになります。

ゼロからつくることに意味はない

またこれはよく言われることですが、「車輪の再発明」という言葉があります。すでに世の中で出回っている技術をまたイチからつくり直すという意味なのですが、これほど意味のないことはありません。多くの人が新しくてオリジナルな商品やサービスをゼロから発明しようとしてしまいます。

ですが、それは車輪の再発明なのです。すでに車輪があるのならそれをそのまま活用してデザインや利便性を足せないか？　と考えたほうが本当に世の中に求められる商品が生まれます。

オリジナルであるということにこだわってしまった結果、全く陽の目を見ることがなかった商品は世の中にたくさんあります。そうではなく今あるものをよりよくすると考えてください。

2　流行りのキーワードをピックアップ

商品のテーマを決める

あなたと似たソウルメイトを見つけたら、その近くにある業界のキーワードを集めていきます。どの業界でもその中にいるインフルエンサーや有名人、あるいは教えている講師によってそれぞれ文化は異なります。同じ商品でも文化がちがえば、そこにいるお客さんたちも変わってきます。

文化というものはキーワードに現れてきます。例えば、その年の文化は流行語大賞などで見えてきますし、女子高生の文化は彼女たちが使っているキーワードでなんとなく理解することができます。

キーワードの見つけ方

試しにスマートフォンで去年の流行語を調べてみてください。そこに出てきている言葉にその年の文化が反映されています。面白いですよね？

キーワードを集めるのは、インターネットだけでなく、その文化の中にいる人たちと会話をしてみることで見えてきます。その商品やサービスを買っている人だったり、売っている販売者との会話の中にみつけることができます。複数の人が同じキーワードを何度も使っている共通点があったら、それがキーワードです。

流行に流行廃りがあるように、キーワードにもトレンドがあります。面白いのですが、年齢が若い人のほうがキーワードの新陳代謝は速くなります。ティーンエージャーの間では、少し前まで流行っていたキーワードがあっという間に古くなってしまいます。逆に年齢が上がってきたり、あるいは地方では古いキーワードが何年も使われ続けていたりします。

ポイントは新しいからいい、古いから悪いという話ではありません。あなたのターゲットとなるお客さんが存在する文化のキーワードを知ることが最も重要です。

アタマを真っ白にする

キーワードのリサーチをしていくポイントは自分の思い込みを捨てることです。「今はこれが流行っているんだろう」といった思い込みを持っているとなかなか見えてきません。頭を真っ白にして、私はまったくの素人だという認識で探してみてください。それから手に入れたキーワードは必ずメモなどで保管しておきましょう。またキーワードは１つとは限りません。ここで発見したキーワードを元にあなたの商品企画をつくっていきます。

大事なことは、キーワードの発見はほとんどの場合、インターネットではなく市場にいる人との直接の会話の中に現れることが多いということです。インターネットの検索に出ているものはあくまで氷山の一角でしかないということを理解しておいてください。

3　計画50％発見50％

準備に時間をかけない

新しいことを聞いてからスグに行動に移せる人とそうではない人がいます。現代は時間の流れがとても早いので、スピードが速いほうが成功確率は高くなります。新しいアイデアも時間がたつと価値が落ちるからです。ですから準備に時間をかけるタイプの人はなかなか成果を出すことができません。その理由はリズムを生み出さないからです。

新しくビジネスをつくまることは音楽の演奏と似ています。例えば、ピアノで楽曲を演奏するときに大切なことは曲全体の流れを把握すること、そしてリズムにのることです。

感情のリズムにのる

ビジネスにおいてリズムにのっているというのは、あなた自身の感情が乗っている状態です。僕たちはお客さんの感情を高めて商品を手に取ってもらう必要があります。そのためにはまず自分自身の気分を盛り上げることが必要です。

本書の最初のほうで情熱というトピックについてお話しました。私たちは自分自身が情熱を感じることについては自然と気分がのります。だから多少大変なことでも楽しむことができますし、行動を続けることができるのです。学んだことをすぐ行動に生かすということはリズムに乗るということです。そしてリズムに乗ることで少しずつ勢いが生まれていきます。ですから生まれた勢いを止めず、次から次と形にしていくというプロセスが大事になります。

計画50％発見50％で取り組む

スピードを上げるための大切な考え方は『計画50％発見50％』という思考です。行動ができない人の多くが「きちんとやらないと」という言葉が口癖になってしまっています。そして行動すればするほど「うまくできない」だとか「まだ充分じゃない」といって行き詰まるのです。

大切なポイントは１００％計画通りに行くことはないということです。特に日本人は間違ったことをすると怒られるという経験をしてきているので、失敗をするということに対して恐怖が強いように感じます。

１００％計画通りにいったら「失敗」

最初に立てた計画通りにすべての物事が進むなら、それは失敗です。１００％計画通りに進んでいる状態とは、可能性がゼロの状態です。本当に素晴らしいものはまだ見えていない部分にしか存在しません。それがあなたの持っている本当の可能性です。計画をつくることは必要ですが、「残りの50％は発見」という余白をつくる必要があります。

このように考えながら取り組んでいくとそれまで見えてこなかったような新しい可能性が次々と現れてきます。

4　魅力に魔法をかける

集めた素材を言葉にする

あなたが入る市場とソウルメイトの存在、鍵となるキーワードを手に入れたらこれらの要素に魔法をかけていきます。いまからつくる言葉はビジネスの活動をしていく上であらゆる場所で活きてきます。

商品やサービスづくりだけでなく、集客をするときにもお客さんと会話をするときも話すことになるでしょう。あなたのビジネスの存在理由ともいえるものになります。

それでは実際に集めた要素の魅力を引き出す言葉をつくりましょう。

シードと世界を繋ぐ魔法の言葉

この空白に言葉を埋めることで、あなたの魔法の言葉が生まれます。

私は（X）＿＿＿＿のような人たちが（Y）＿＿＿＿をすることを助けます。

なぜならば（Z）＿＿＿＿だからです。

Ｘに入る言葉はあなたが商品を提供することによって救う人たちです。その人たちはもしかすると過去のあなたかもしれませんし、あるいはあなたの身近にいる誰かかもしれません。あなたはその人たちを救うことによってシードから天命へと近づいていきます。

Ｙの部分に入る言葉は「具体的な行動」の言葉です。

Ｘの人たちには手に入れたいものがあります。普段の生活、あるいは仕事場や人間関係において手に入れたいものがあります。または自分自身の見た目、あるいは彼ら自身の夢見ている手に入れたいものがあります。それを手に入れることを助ける存在があなたの提供する商品やサービスとなります。

３つめのＺの部分には「理由」が入ります。ここに入るのはあなたがＸ（お客さん）を助ける理由です。あなたはどうして彼らをサポートしたいのでしょうか？　ただ単に「儲かるから」といった理由だけでは不十分かもしれません。お金のためだけにビジネスをはじめた場合、多くの人は途中で続けることが苦しくなります。ビジネスを続けるための充分なエネルギーがないからです。この「理由」というパーツはあなた自身の内側から生まれたシードと外側の世界であるお客さんを結びつける重要な要素です。

実際のメッセージの例をお見せしましょう。

例えば、あなたが化粧品を商品として扱っているとしてターゲットとなるお客さんは美しくなりたい女性たちだとします。これを例に取るなら、こんな風なメッセージがつくれます。

『私は年齢にかかわらず美しくありたい女性たちが見た目だけでなく心も魂までもが美しくあることを助けます。なぜなら彼女たちは日本人の女性が持つ本当の美しさと言うものにまだ気づいていないからです』

これは1つのサンプルですが、このようなメッセージを発することであなたが誰をどんなふうにサポートしていくのかが言語化されます。またこのメッセージにはあなたが「なぜこの商品を広めたいのか」という言葉も含んでいます。このようにあなたがここまで集めてきた要素を言語化することで、あなたの想いを世界に伝えてゆくことができます。

またここでつくったメッセージはあなたが取り組むビジネスのテーマにもなります。人によっては人生を通して取り組むテーマとなることもあるかもしれません。

ここでつくったあなたのシードと世界を繋ぐ魔法を言語化したら、紙にプリントアウトするなどして目に見える所に貼っておくことをおすすめします。あなたがこの先、道に迷ったときに見ることで問題の答えを発見することを助けてくれるでしょう。

ここでつくったメッセージはあなたがこれから文章を書くとき、またお客さんとコミュニケーションをするたびに毎回見て、そしてこのことについて会話することがとても大切になってきます。

5　オリジナリティーの発掘

既存のアイデアにスパイスをかける

魔法の言葉を手に入れたら、次にあなたがいま考えている商品・サービスのアイデアのオリジナリティを発掘していきます。少し前でもお話しましたが、オリジナリティーはゼロからつくるものではありません。すでに存在しているものに対してスパイスをかけるといったイメージになります。

この時点で出したアイデアはこれからビジネスをスタートしたその先でかなり役立ってきます。

妄想からスタートする

オリジナリティーをつくる発想は「こんなことがあったら嬉しいな」「もしこれがあったとしたら毎日ワクワクできる」といったような妄想からはじまります。私たちは現実の世界に生きながらも、常にいろいろなことを妄想して生きています。頭の中にある素晴らしいイメージを具体化したものが私たちが提供する商品やサービスなのです。

本当に素晴らしい商品は「二度」つくられます。最初はイメージの中でつくられて、次に現実の世界に現れます。この秘密を知っているといかに妄想力が大切なことなのかが見えてきます。

様々なアイデアを妄想してどれだけあなたがドキドキできるのかが1つの鍵になります。

イーロン・マスクの妄想

テスラモーターズで有名なイーロンマスクさんですが、彼のビジネスのビジョンも妄想からはじまっています。彼は子供のころ宇宙に行くという妄想にとりつかれていました。マスク氏は幼少期、SF小説やファンタジー小説が大好きで1日に2冊も本を読んでいたと紹介されています。

また12歳のころにはブラスターという宇宙をテーマにしたゲームを開発しています。彼は行ったことも見たこともない宇宙を毎日のように想像してそれを自分自身の未来として頭の中に描いていました。それが後にスペースXという人類を宇宙に送り出すというプロジェクトとして形になっています。

宇宙に行きたいという妄想を持つ子供はたくさんいますが、実際にそれを形にしてしまう人は本当にごくわずかです。そして妄想を形にする人はそのイマジネーションを持ち続けることができる人ですね。

イメージを具現化する

あなたの持つイマジネーションはこの世界で形にすることができます。あなたの持つシードをビジネスという形で具現化していくことによってです。

紙とペンを持ってあなたの「こんなことが現実にあったら最高だろうな」という妄想を書き出してみてください。その中にはすぐに形にできるようなものも見つかるかもしれませんし、あるいは少し後に形にできるようなイメージもあるかもしれません。

いずれにしても大切なポイントはまず紙に書き出してみるということです。紙の上に出てきたイマジネーションはこれから商品という形にしていくことで現実に現れます。それは本当に魔法のようなものです。

6　マネされない世界観の演出

世界との共鳴をつくりだす

あなたのメッセージを世界へ発信するときに『世界観』が大切になってきます。少し前にサンプルとして出した「日本人女性のまだ気づいていない本当の美しさという可能性を発見する」といったようなメッセージは「世界観」として伝わっていくことになります。

世の中に似たような商品がたくさんあります。それら商品をそれぞれ違ったものとして伝えることができるのが世界観による演出です。世界観を伝えることであなたが発するメッセージは世界と共鳴することができます。また世界観は販売する価格にも大きく影響してくる要素です。

世界観＝単語のミックスジュース

とてもシンプルに世界観を説明するなら『単語のミックスジュース』です。２つ以上の単語がミックスされると新たに1つの世界観が構築されます。

具体的な例を出してみます。例えば、誰もが知る映画のハリーポッターなら「魔法×秘密×冒険」といった世界観で表すことができるかもしれません。単に「魔法」という単語だけでも1つの世界観が見えてきますが、ここに秘密や冒険といった要素が入ってくることでまた新しい1つの世界が生まれます。

またこの3つの単語のうち1つを変えるだけでも世界観は変わります。例えば、先程の世界観をつくる単語のうち、1つだけ変更して「仏教×秘密×冒険」となると全く違った世界観になりますね。アジアンな魔法世界の冒険といったテストになっています。「ロマンス×魔法×秘密」だと少し大人な雰囲気の世界観が生まれます。このようにして世界観をつくることであなたの伝えるメッセージがまったく新しいものとして世の中に発信していくことが可能になります。

世界観で人を引き寄せる

世界観というのは湖のようなものです。何一つない水面にメッセージという石を投げることで波紋が広がり近くにいる人々に影響を与えていきます。世界観をつくることで、その世界観に憧れる人たちが集まってきます。実際のところ私たちはひとりひとりが違った世界観を生きています。そして実際に言葉として発言することで、その世界観が可視化されるのです。

あなたはこれまでリサーチをしてきた中でいくつかのキーワードを見つけたかもしれません。見つけた単語とあなたの持っている別の単語を組み合わせることができないか考えてみてください。世界観は必ずしも新しいものである必要はありません。また、もしかすると新しいものではなく古いものの中に新しい世界観が存在していることもあります。

7　本当のオリジナリティーは運命まかせ

最初はイメージを掴むことが大切

ここまでで商品にオリジナリティーをプラスする方法や世界観のつくり方についてお伝えしてきました。初めてこういった話を聞いた人は「難しいな」と感じるかもしれません。ですが、誰でも最初はそんなものです。

なんとなくでも構わないのでこのようなイメージを掴んでおいておくと、これからビジネスを進めていく上でとても助けになってきます。

あなたの存在自体がオリジナル

実際のところオリジナリティーを見つけるのは簡単ではないことも多いです。ですが、本書の冒頭の方でお話した「シード」という概念がオリジナリティーをつくることを助けてくれます。シードを発見することで、あなたの存在自体がオリジナルなものになってきます。天命に従って進めていくことで、あなたのビジネスは勝手に差別化されていくのです。

言い換えるとオリジナリティーは「運命任せ」で出来上がるということが言えると思います。

シードがお客さまを連れてきてくれる

ある女性クライアントさんの興味深い話があります。彼女は40歳を超えたある日、ビジネスを教えるコンサルタントとして起業することを決めました。最初の1年はとても難しいものとなりました。お客さんがひとりも取れなかったからです。彼女はビジネス活動を続けていたのですが、ある日、昼間の仕事に戻らなくてはならなくなります。一念発起して起業したにも関わらず、自分自身の生活費を稼ぐことができなかったからです。

ですが、彼女は私と会話をする中で自分自身のシードを発見しました。彼女は自分の才能と特性、そして情熱を形にするということについて真剣に考えはじめました。そして今、なんと彼女はフランス文化を日本に広めるフランス料理の講師としてビジネスを展開しています。彼女が起業時に考えていたビジネスはコンサルティングです。それがいつの間にか料理教室をはじめることになりました。

当然周りの人は驚きました。彼女が最初にはじめたビジネスが全く違ったものになったからです。そしてそれ以上に彼女の友人たちを驚かせたのはフランス料理の講師として、彼女が多くのお客さんから求められていると言うことです。彼女が提供しているフランス料理の講座は一般的な料理教室よりも価格がかなり高額にもかかわらず、全国からお客さんが集まってきています。

このように生まれ持って与えられたシードに気づくことによって、ビジネスは導かれるように変化していきます。あなたがその流れに従うことによって、シードは具体的な形となってお客さんを引き連れて来てくれるのです。

8　体験型プロフィールの作成

未来を切り開くプロフィールのちから

あなたのビジネスのテーマが決まったら、次にやることは自分自身を世界に表現するプロフィールをつくることです。ビジネスの世界だけに限らず自己紹介はとても大切です。

あなたがどんな自己紹介をするかによって出会う人との関係性が変わってきます。出会った相手と素晴らしいパートナーになれるような縁が生まれるか、誰からも興味を持たれないかは自己紹介によって決まってきます。

『体験型プロフィール』

そこで私が提唱している自己紹介の方法があります。それは「体験型プロフィール」というものです。これは自己紹介によって、相手に未来を体験させるようなプロフィールをつくる方法です。

人間は様々なものに興味を持ちますが、最も興味があるものは自分自身です。その証拠に私たちはひっきりなしに鏡を見ますし、たくさんの人たちと集合写真を撮ったとしても、一番最初に探すのは必ず自分自身の顔です。どんなものと比較したとしても1番興味があるものは自分自身なのです。

このことを理解するとあなたの自己紹介が変わってきます

体験型プロフィールというのは、相手がこれからどのようなことを体験するのかということを伝える自己紹介です。人は自分自身のことに1番興味があるといいました。これは言い換えると「その話を聞くことで自分にどんな得がありますか？」と常に考えているということです。

あなたはこれから出会う人に自分自身を紹介するとき、「あなたは私と共に過ごすことでこのようなことが体験できます」ということを伝えるのです。例えば、それまで知らなかったことを学べるであったり、やったことがない体験ができるようになるといったことです。シンプルに「欲しかったものが手に入る」ということかもしれません。

Can・Be・Have

体験型プロフィールは一言でいうと「私はあなたにこんな得を提供できます」という魔法のフレーズです。得を伝えるにはCAN、BE、HAVEの3つのうちどれかをプロフィールに入れるだけです。日本語に置き換えると「こういったことができるようになります」「こういった人になることができます」「こういったことが手に入ります」となります。

すべてを入れる必要はありませんが、この中のうちの1つでもあなたのプロフィールの中に取り入れてください。そうすれば相手はあなたに強い興味を持ちはじめます。まずは興味を持ってもらうことができれば、その先の話へ進めることができるのです。

1つ短い自己紹介のサンプルをお見せします。例えばこんな感じです。

『私はフランス料理の講師をしています。料理を通してフランスの文化を体験してもらい、日常生活から離れたワンランク上の上質なライフスタイルを手に入れてもらうお手伝いをしています。この特別なフランス料理をつくるという体験をしてもらうことで、あなたは特別な人をお迎えするときに非日常という最高のおもてなしができる特別な女性になることができます。』

ほとんどの人は自分のことに「だけ」興味があります。人の商品に興味はありません。ですが、この体験型プロフィールを持つことで相手はあなたのことを無視することができなくなるのです。これはとてもパワフルな自己紹介です。

このようなプロフィール文をたった1つ持つだけで、あなたのビジネスは他とは全く異なる特別なものとしてお客さんに見えてきます。しかも一度つくった体験型プロフィールはこの先何年も素晴らしいお客さんを連れてきてくれます。

9　ビジブル・メンターの存在

世の中の問題を解決する魔法

ここまであなたは商品のテーマを決めて、そのテーマに魔法をかけて世界観をつくるというところまで学びました。次の章ではいよいよその商品に値段をつけて具体化させていきます。

いよいよあなたの素晴らしい商品が現実のものとして世に現れることになります。これは本当に魔法のようなものだと思います。実際にビジネスは世の中にある色々な問題を解決することができる魔法なのです。

奇跡を呼び寄せるステップ

魔法使いはある日突然魔法が使えるわけではありません。魔法使いは魔法の使い方を教えてもらい、トレーニングをすることで魔法が使えるようになります。はじめのうちはたいした魔法は使えませんが、学ぶことで技術はどんどん磨かれていきます。そうやってステップアップしていった先に奇跡のような魔法が起こります。

あなたが天命という道を歩んでいくことで、信じられないような魔法が現実のものとなります。現実の世界であなたに魔法を教えてくれるのはメンターという存在です。メンターとはあなたのことを導いてくれる存在です。本物のメンターとはただ物事を教えるのではなく、あなたに背中を見せてあなたの世界観を広げてくれる存在でもあります。

2種類のメンター

大事なことですが、メンターは2種類存在します。1つ目はインビジブル（目に見えない）メンターという存在です。このメンターは書籍の中や、歴史上のメンターです。直接会ってあなたに何かを教えてくれるわけではありませんが、あなたにインスピレーションを与えてくれたり著作物を通して勇気を与えてくれます。

そしてもう1種類のメンターがビジブル（目に見える）メンターです。文字通り直接会ってあなたが直接コミュニケーションをとることができる存在です。あなたの人生が大きく変わるときはこのビジブル・メンターが存在します。人はメンターに直接会ってコミュニケーションをとることで、生まれ持って与えられた可能性を引き出し切ることができます。

あなたの世界を開いてくれるメンターはあなたがそれまで体験したことがないような世界を見せてくれます。それは本当に魔法のようなものです。そのようにメンターとのコミュニケーションをしていくことであなたは1歩1歩これまでとは違う世界に足を踏み入れていきます。そしてそれまで夢だったような世界が体験することができるようになるのです。

ビジブルメンターはあなたに対して未来を映し出すような体験を表してくれる存在なのです。

第5章

21日目
新たなお金の源泉をつくる

1　お金の源泉

お金が溢れ出ている源

あなたの商品を世に出していく上では「お金の源泉」について知っておくことは大切です。お金の源泉とは、水源のようなものです。自然界では水は水源から溢れ出ています。水路をつたって上流から下流へドンドン流れていきます。あふれ出た水はその流れに従って上流から下流へと乾いた大地を潤してゆきます。その途中にある植物や、動物、人間を潤していきます。

お金も同じような存在です。あるポイントから水のように湧き出て、上流から下流へと流れていきます。このことを理解することによって、あなたはお金というものをうまく扱うことができます。

人間の欲求と結びついている源泉

水脈には源があります。お金の水源とは何でしょうか？　それは人間の欲求と結びついています。人間の欲求とは大きく3つのカテゴリで表すことができます。1つめに富に関するもの。2つめに人間関係に関するもの。3つめは健康に関するものです。

これらの水源は古代から現在まで枯れることなくあふれ続けているお金の源泉です。そして世の中で取引されている多くのお金はこの大きな3つの水源のどれかに所属しています。

1つめの源泉

1つめの富に関するものとはシンプルにお金に関係するものです。現代社会においてはお金という道具があることで欲しいものが手に入るというシステムがあります。人はこの便利なお金と言う道具にとても興味があります。

このカテゴリに関係するビジネスはたくさんありますが、お金を稼ぐ方法もその1つです。投資や不動産といったようなビジネスですね。また実は営業代行などもお金の源泉に近いビジネスです。この1つめの源泉の近くでは毎日たくさんのお金が動いています。

2つめの源泉

2つめのお金の源泉は「人間関係に関する」ものです。人と人をつなぐことのビジネスですね。実は人間が人生で悩むことのほとんどはこの3つの源泉から来ています。人間関係の悩みは人類が生まれてからずっと存在している源泉です。

例えば、マッチングアプリは異性と出会いたい人をつなげるビジネスです。婚活なども昔からあるビジネスですね。あるいは職場の人間関係をよくするための方法を教えるというビジネスもあります。子供との関係や子育てに悩んでいる人もいます。企業ではマネジメントというテーマで部下や上司、社外の人間たちとうまくコミュニケーションをするという講座は常に需要があります。

また語学というものも人間関係に関するビジネスですね。違う文化について学ぶことやコミュニケーションを取るということは人間関係のカテゴリーに入ります。この2つ目の源泉には人間心理の奥深い真理がたくさん隠されています。

3つめの源泉

３つめは人間の健康に関するものです。昔からお医者さんは病気を治す仕事をして対価を受け取っています。体の痛みや不快感はお金を払ってでも解決したいと思う人がたくさんいます。またダイエットも健康に関するものですね。美しい見た目をつくりたいだとかいつまでも若々しくありたいというものもこの健康のカテゴリーです。ヨガやストレッチなどのウェルビーイングに関するものもこのカテゴリーですね。また体だけでなくスピリット（魂）の健康と言う市場も需要があります。

3つの源泉を商品に関連させる

世の中の多くのビジネスはこの3つの源泉のどれかに紐付いています。例えば「スキルアップしたい」というのはお金につながっていますし、「新しいメイク道具が欲しい」というのは人間関係に紐付いています。「都会から離れて静かな土地に移り住みたい」というのは心の健康に関する分野です。

あなたが商品をつくり提供していく上で、今お伝えしたこの3つのお金の源泉カテゴリーのどれかに属するように考えていくことがポイントです。これらは人間の心に紐付いています。あなたの商品にこれら3つのカテゴリーの一部を取り込むだけでお客さんからの反応はまったく違ったものになります。

2　ヒット商品をベースにする

新商品を生み出す質問

私は新しい商品やサービスを考えるときはいつも「何がいま売れている商品だろうか？」ということから考えます。ここまででトレンドが大切ということについてはお話しました。商品をつくる上でも「流行っているもの」はとても大きなパワーを持っています。

ポイントはまずはじめに「いま売れている商品」から考えるということです。ヒットしている商品は無理してセールスをしなくても勝手に売れます。しかもただ売れるだけではなく、他の何倍も売れるのです。

すべてを変えるタイミングの力

わかりやすい例で言うと花粉症がその1つです。花粉症のトレンドとはいつでしょうか？　それは春ですね。毎年3月あたりからスギ花粉などが出てくると、たくさんの人が花粉症の症状に悩まされます。起きてる間中ずっと鼻水が出てしまうので集中ができませんし、恥ずかしいし仕事どころではないという人もたくさんいます。こういった人に「花粉症の薬」を提供すれば喜んで買ってくれます。セールスの必要はありません。

ですが、花粉症のシーズンが終わった頃、花粉症の薬を販売するということを考えてみてください。なんの症状もない人に対して「花粉症の症状を抑えます！」と一生懸命にセールスをしたとしても誰も見向きもしてくれません。これがトレンドのわかりやすい例です。

同じ商品であってもただタイミングに乗るというだけで、売れ行きはゼロか１００かというレベルで変わります。

トレンドに合わせた案内をする

「…ということは、トレンドに合わせて売る商品を変えなくちゃいけないの？」と思うかもしれませんん。ですが、安心してください。必ずしも商品自体は変える必要がありません。変える必要があるのは、その商品を案内するメッセージです。

例えば花粉症の商品であれば「もうすぐ花粉の季節です」と伝えれば花粉症の人は興味を持つでしょう。花粉がない季節には「長引く鼻炎をストップします」というメッセージで伝えれば商品は同じでも販売することができます。

ポイントは商品は同じであってもヒットしているものに寄せるということを考えるということです。

3　赤ちゃんを助ける思考

赤ちゃんを助ける商品をつくる

はじめて自分の商品をつくるときは「こんなもので大丈夫かな」と心配になることもあるでしょう。そんなときは完璧主義になっているかもしれません。「きちんとできない」「まだ不十分だ」といった考えは、あなたからパワーを奪い去ってしまいます。僕たちは商品をつくりお客さんの問題を解決することで、相手を力づける存在です。自分自身からパワーを奪う思考を持っていては人にパワーを与えることはできません。ですから、ここであなたに持って欲しいのは「赤ちゃんを助ける」という思考です。

「いまの自分が助けることができるのは誰なのか？」と考えてみてください。赤ちゃんならどうでしょうか？　赤ちゃんはひとりでは何もすることができません。ご飯を食べたり、行きたいところに行ったりすることができません。トイレをすることすらできないのです。あなたが赤ちゃんを好きかどうかということはおいておいたとして、あなたにできることは山ほどあることに気づけると思います。

そして実際に多くの人は新しいことをはじめるときには赤ちゃんなのです。ひとりでは右も左もわからずに怖くてただ震えているというだけなのです。この世界にはどこの業界にもそのようなお客さんはたくさん存在します。あなたはあなたが役に立てる人を探して、彼らに手を差し伸べてあげればいいのです。

3流にしか4流は救えない

別の言い方をするなら「3流にしか4流は救えない」ということも言えます。初心者の人は超一流の人の話を聞いても理解できないことのほうが多いのです。難しくためになる話を聞いても「自分とは違う」と感じてしまうだけかもしれません。

ですが、ほんの少しだけ先を歩いている人からの話なら理解することができます。だから、今のあなたがまだ経験が少なかったとしても大丈夫です。今のあなたを求めているという人がたくさん存在します。そういった人に対して手を差し伸べていくことでビジネスがはじまるのです。

同じ商品を売っていたとしても、販売する人によって売上が変わるのにはこのような理由もあるのです。初心者だからこそ伝えられる話もあるのです。もちろん商品を提供していく中であなた自身も成長していく必要があります。与えられた天命へ向かってビジネスに取り組むことであなたの可能性はさらに開いていきます。そうなれば今のあなたからは想像もできないような人たちもサポートしていくことができるようになるのです。誰もがビジネスをスタートしたときは初心者です。初心者からはじめて3流、2流、1流へと実績をつくり技術を高めながらステップアップをしていって多くの人から求められるようになるのです。

4　光と闇のすり合わせ

いきなりナンバーワンになれる商品づくり

これまでヒット商品を土台に商品を考えるというお話をしてきました。これはいま市場にある旬のものを提供するという考え方です。お客さんからみてあなたの商品がライバルよりも素晴らしいものになれば、選ばれない理由がなくなります。

「そんな魔法のような方法あるんですか？」と思うかもしれませんが、存在します。その方法とは、ライバル商品の光と闇をミックスすることです。いま勢いがあるのはどの会社なのか？　という部分からはじめて、いま売れている商品の光と闇を合体させていくのです。

これは『光と闇のヒュージョンシート』と呼んでいるものですが、実際の手法をお話します。

光と闇のフュージョンシート

まずやることは紙とペンを用意して、縦に４つの線を引きます。そして左上から順番に、

・ライバル
・長所（ライバルの光の部分）
・短所（ライバルの闇の部分）

・改善点
と4つの項目を記載します。そして市場にいるライバルごとにそれぞれの項目を書いていきます。この作業はパソコンで行っても構いません。

ライバル・光・闇・新しいアプローチ

「ライバル」の項目には競合他社の名前を記入します。SNSにいる競合他社、近隣のライバル店舗の名前、または人の名前などが入ります。ここには具体的な固有名詞を入れてください。地域に密着したビジネスだと徒歩圏内だけでなく最寄り駅の沿線にある似たようなビジネスも対象になります。

次に「長所（光）」の項目です。ライバル商品のお客さんから見て一番喜ばれているポイントを記入します。例えば、サロンなどであれば駅から直結している、話しやすい担当者がいる、無理にセールスをしてこないなどですね。

次に「短所（闇）」についてです。ライバル商品の弱点の部分を記入します。こちらもサロンを例にとって見てみます。例えば、サロンの弱点としては「夕方が混雑していて予約が取りづらい」や「担当してくれる人によって技術の差がある」などについてできるだけ具体的に記入します。

大切なことは長所や短所は販売者の目線ではなく、実際にサービスを受けている利用者の目線で考えることがポイントです。一番いいのは実際に自分がユーザーとして体験してみることです。

ライバルの弱点を克服する提案

そして最後の「新しいアプローチ」についてです。ここにはライバルの弱点を克服する要素を書いていきます。ライバル商品の弱点を克服する内容をあなたの商品に組み込むことができれば比較されても負けることがなくなります。

例えば、近くにあるライバル店舗の「予約が取れづらい」といった弱点があったとします。それなら改善点として「会員制の申し込みプランによって優先的に予約が取れるようにする」といったことが考えられます。「施術者によって技術の差がある」といった弱点に対しては「マニュアルを強化する」などがあります。

ここまでできたら「新しいアプローチ」で書き出した内容をあなたの商品に組み込めないか？と考えてください。このワークはそれほど時間を取るものではないにも関わらず、かなり強力です。なぜならライバル全部のいいとこ取りの商品提案ができるからです。その結果お客さんから選ばれて、サービス内容も充実させることができるのです。

ほとんどの人はこのような作業を行いません。ですので、逆を言うとこのような光と闇のすり合わせを行うだけで、あなたはお客さんから見てほとんどのライバルよりも素晴らしく魅力的に見えてきます。

このような作業を数か月に一度でも定期的に行うことで、あなたの魅力はさらにブラッシュアップされ続けてゆくことになります。

こちらから実際につかっている『光と闇のフュージョンシート』をダウンロードできるようにしています。ＱＲコードを読み込んで利用してください。

※光と闇のフュージョンシートのダウンロードはこちらからも可能です。
https://strategic-branding.jp/shoseki-tokuten/

5　得意を伸ばしてマイナスは捨てる

「他人の芝生が青く見える」は当たり前

すばらしいライバルの商品を見たときに「自分の商品はまだまだだ」とか「全然ダメ」と思って

しまうかもしれません。ですが安心してください。誰もが最初は初心者です。それにはじめたばかりの頃ほど周りのことがよく見えてしまいます。

そんなときは自分の苦手を克服しようとはしないでください。その代わりにあなたがライバルに比べて、ほんの少しでもいい部分を見つけてそれをアピールするということを考えてください。僕たちは自分の商品についてはとても厳しくジャッジしてしまいます。ですが、どんなライバルの商品でもジックリ観察すれば必ず弱点が存在します。もし見つからないのであれば、まだ誰も気づいていないだけです。

１００％完全な商品は存在しない

世の中にはいろいろなタイプのお客さんがいるという話をしました。どれだけ素晴らしい商品も１００％完全な商品は存在しません。どんな商品にも「それでは満足できない」という人たちがたくさんいます。

あなたはその満足していない人たちを見つけて「どこに満足していないのですか？」と質問をすることができます。そして彼らの不満足を見つけたらそれをあなたの商品で解決すると約束してあげることができます。さらにプラスしてあなたの得意な要素が追加されるなら、他のどんな商品と比べても負けないものが生まれます。不満足な人に質問をすることができない場合は「この商品が１００％完全でない部分はどこだろう？」と考えることで自分が提供できるポイントが見えてきます。

相性次第で欠点もプラスになる

またマイナス要素については自分より得意な人を探すことやマイナスを感じさせない仕組みをつくることでカバーできることも多いと言うことを知っておいてください。それに売れる、売れないは商品のよさだけでは決まりません。お客さんと商品の相性も大切なポイントになるからです。このように考えるといかに自分が救うことのできるお客さんと出会えるか？　ということが大切だということが見えてきます。ですから、自分にあった市場を選ぶということがポイントになるのです。

6　プラスに輝きを与える特典の魔法

購入を後押しする強力な要素

商品に対してお客さんが価値を感じるには様々な要素があります。中でも購入について悩んでいるお客さんを後押しする「特典」はかなり強力な要素です。あなたもデパートやネットショップなどのキャンペーン期間だけもらえる特典などを見て思わず購入してしまったという経験があるかもしれません。特典を用意しておくことで「今購入しなくてもいいかな」と購入を先送りする人に対して動機づけをすることができます。

特典の例についてですが、例えばエステサロンで初回お試しから申し込んでくれた人にサロン内で販売している物販の割引クーポンがもらえたり、スポーツジムでパーソナルトレーニングを申し込むとプロテインの交換チケット等がもらえるなどがあります。このようにメインの商品にプラスの価値を与えてくれる特典をあらかじめ用意しておくことで商品自体の魅力がより大きくなります。

特典をつくるアイデア

人間の脳は直感的に「数が少ない」よりも「数が多い」ほうが価値を感じます。さらに「サイズが小さい」ものより「大きい」ほうが価値を感じやすいという心理が働きます。こういった要素も考えていくと様々な特典のアイデアが湧いてくるでしょう。ポイントとしては特典は「商品購入の前」に見せてあげることです。

特典にはお客さんが商品を買うときのモチベーションを高めてくれる効果があります。悪い例としてはよくあるのは、商品を「購入した後」に特典をお知らせするということです。お客さんがお金を払った後に特典を見せてしまうと、どれだけ素晴らしい特典も役割を果たすことができません。特典は必ずお客さんが商品を手に取る前に伝えることがポイントです。

サプライズ特典で関係を深めることもできる

また逆に特典をわざと後で見せることでサプライズを狙うこともできます。人はサプライズされることは大好きです。誰しも予想外のプレゼントがあるととても嬉しくなります。あなたがお客さんに対して長い関係性をもちたいならサプライズ特典という手法はとてもいいアイデアとなります。特典自体もクリエイティブに考えて、予想外のタイミングで渡すことでライバルとは一線を画すほどの差を生むことができます。ぜひお客さんが驚くような特典を考えてみてください。

7　告白不要で売れる設定づくり

提案＝愛の告白

あなたがお付き合いしたい相手がいたとします。その人へ告白することなく付き合うことができたとしたら…おそらく嬉しいと思います。この例えはビジネスでいうなら「買ってください」と何度も伝えなくとも、お客さんのほうから「売ってください」といわれるようなものです。どうすればそんなことが可能になるでしょうか？　それは徹底したお客さんのフラストレーションの理解をすることです。そしてあなたの商品にフラストレーションの解決を組み込むことで起こります。

理屈＜感情

人は理屈よりも感情で行動します。どれだけ理屈が通っていても納得ができなかったら行動することはありません。逆に「欲しい」という感情が起こると、短所さえも長所に見えてきてしまいます。人間の恋愛と同じですね。

フラストレーションとはお客さんのイライラです。彼らがこれまで手にしてきた商品やサービスの中で解決できなかったフラストレーションについて指摘します。そしてそれがあなたの商品では解決することができると約束をするのです。もちろんライバル商品の悪口を言うわけではありません。

お客さんの視点から見てフラストレーションを感じていることを述べるだけです。そのフラストレーションの数が多ければ多いほどイライラは大きくなります。そんなイライラが続いている状態で、解決策としてあなたの商品を見せられれば買わないという選択はなくなります。

しかもあなたの商品が解決するイライラは1つではありません。2つ、さらには3つのフラストレーションまでも解決してくれるとしたら他と比べられること自体がなくなります。たった1つでも「イライラが解決される」なら嬉しいのに、同時に3つものイライラが解決できるとなればもはや迷うことがなくなります。

商品を購入する文化がある人に提案する

このようにあなたが提供する商品を手に取るだけで、彼らが感じているマイナスが消えてしまうといった形で商品を設計します。そうすれば無理なセールスは一切必要ありません。この「告白不要で売れる設定」がうまくいくポイントですが、それは「今」お客さんが感じているイライラを解決できるからです。お客さんは他の商品をつかっていてイライラを感じています。ですからこの提案を行うことで、商品を買う人ばかりが反応してくれるのです。なぜなら彼らはすでに過去に似たような商品を買ったという文化があるからです。

バイヤーイズバイヤー（買う人は買う人）という言葉がありますが、商品を買う文化をある人に対して提案するから売りやすくなります。このように過去の商品でうまくいかなかった体験の解決策としてあなたの商品の設定をつくることでセールスはほぼ必要なくなります。商品の中で解決するイライラは少なくとも２つ。できれば３つ以上用意することで商品の魅力は数倍にもなります。

8　価値の階段を理解する

売上とお客さんを同時に増やす価値の階段

もしかするとあなたはすでに販売する商品をいくつか持っているかもしれません。販売する商品が複数あるときは『価値の階段』を理解しておくことが大切になってきます。

私はこの価値の階段という概念をラッセル・ブランソンさんというアメリカのメンターから学びました。私はこのことをはじめて聞いたとき「これで売上がすぐに数倍にあがるぞ」と喜んだことを覚えています。そして話を聞いた数カ月後、実際にそうなりました。ほとんどの人はこのような「階段をつくる」ということを考えてはいませんが、『価値の階段』を知っておくだけでビジネスそのものの展開が大きく変わってきます。今からそのやり方についてお話しします。

はじめての商品で信用を得る

はじめてのお客さんはあなたが提供する商品がどれだけ素晴らしいものなのかについて知りません。はじめてあったよく知らない相手の一番高い商品を購入することには抵抗を感じることが多いです。

その理由は「これを買って本当に私の役に立つのかな？」という疑問があるからです。なにも試してもいない時点では心のそこから安心することができません。ですが、一度でもあなたの商品を使ってその品質やサービスに安心することができれば、次からはあなたから商品を買いたいと考えます。価値の階段とはそのように1つずつお客さんの心の不安を取り除きながら順番に販売していく手法です。

この価値の階段のアイデアがあることで素晴らしいことは2つあります。1つめは本当に販売したい商品やサービスが売れづらいとき、その手前に気軽に購入できるものを用意しておくことでステップアップして購入されやすくなります。

2つめは全体のお客さんの母数が増えることです。購入しやすい商品があることで顧客数が増えて結果的に全体の売上が伸ばせます。

1歩ずつ確認しながらステップアップ

価値の階段をつかって複数の商品を販売する上で大事なことは、1つずつ順番に販売していきながら、実際にお客さんが求めているものを確認していくことです。ポイントは「確認をする」ということです。お客さんは実際に自分自身の大切なお金を使って商品を手に取るわけですからお金を払うことにはシビアです。実際に商品を販売してみることでその商品が求められているか、いないのかが見えてきます。

そして実際に商品が売れていることを確認したらラインナップを増やしていきます。例えば美容系でいうなら最初に化粧水を購入してもらうことで、次に乳液、その後に高単価の美容液などのキットを購入してもらう流れができます。さらに美顔器などへも繋げることも可能です。

ポイントはお客さんにとって、商品を買いやすい順番に並べ並べてあげるということです。最初に手に取りやすいものであなたが提供する商品のよさを理解してもらい、順番にステップアップしてもらうということを行います。注意して欲しいことは単純に安いものから順番に販売すればよいというわけではないということです。お客さんの感情に沿って1歩ずつエスコートしてあげるという考え方がポイントになります。

9　ネーミングで魅力を最大化する

価格をつけたら、次は商品名をつけます

商品やサービスには名前が必要です。そしてこの名前をつけるネーミングが商品をパッケージン

グする最後の魔法になります。

お客さんは商品の名前から中身を感覚的に想像します。あなたが商品に名前をつけることでその価値もイメージしてもらうことができるのです。

ネーミングによる拡散力を考える

ネーミングについては時代ごとにトレンドがあるのですが、押さえておきたいポイントは３つです。

まず１つ目に「拡散力」です。人への伝えやすさともいえます。例えば商品の名前が長すぎると人に伝えることが難しくなりますし、間違って伝わることも出てきます。現代は自分が買ったものをＳＮＳなどでシェアする時代です。名前が読みづらかったり長すぎたりした場合はシェアをすることが難しくなります。拡散力のあるネーミングとは人に話すときに「かっこいい」と思われることがキーワードです。

２つ目のポイントは音のリズムです

音の響きによって人の印象は変わってきます。例えば世界的に有名な商品の名前と言えばコカ・コーラがあります。とてもリズム感がいいですね。コカ・コーラはそれぞれの単語の頭の母音がＯです。同じ母音が連続するとリズム感がよくなります。世界的な大企業のＰ＆Ｇもリズム感がよいですね。ピーとジーの母音はどちらともIです。

飲料水では伊藤園の「おーいお茶」もネーミングで大ヒットした商品です。これも母音はOが連続しています。ちなみにおーいお茶ははじめて世に出たときは名前が違いました。はじめに販売したときの名前は「缶入り煎茶」でした。販売したはいいものの、なかなか売れずリブランディングを図り「おーいお茶」という名前に変えたところ大ヒット商品となりました。これはリズムのよさで成功した1つの例ですね。

最後の3つ目は「特徴がわかる」ことです

これは必ずしも必須ではありませんが、商品の名前から「どんなことに役に立つのか」ということがわかれば最高です。これはなかなか簡単なことではないのですが、ネーミングで大成功した商品をはかなり色々と存在します。

そのうちの1つは「通勤快速」という靴下です。商品のネーミングで機能の素晴らしさを表した最高のネーミングだと思います。毎日忙しく働いてるサラリーマンたちへ濡れにくい・むれにくい・滑りにくいという3つのポイントをされた素晴らしい特徴をこのネーミングで表しています。

この商品も販売当初から名前を変えて大成功したものです。通勤快速は販売当初「フレッシュライフ」という名前でアピールしていました。販売当初の数年間と比べ、名前をリニューアルしたところ3年後に売上が15倍になりました。

初めて商品をつくるときはネーミングに悩むかもしれません。ですが、今お話ししたようにネーミングは後ほどリニューアルしても構わないので、まずはつけてみて世に出してみるということからはじめてみましょう。

10　進化する商品づくり

シードを元に商品を進化させる

商品は一度つくってそれで終わりではありません。世に出てからお客さんと接することでどんどん進化させていくものです。お客さんの悩みやニーズは常に新しいものが生まれてきます。そういった新しいニーズに対して新商品も常に考えていくと言うことが大切です。現在は昔と比べると時間の流れがとても速くなっています。商品の寿命もどんどん短くなってきています。

ずっと売れ続ける商品はありませんし、ネットショップなどで少しでもヒットした商品が出るとあっという間に類似商品が山のように現れます。どれだけ最初にオリジナルで素晴らしいものをつくったところでそのままではいずれ売れなくなってしまいます。こういったことを考えると商品は常に進化させ続けると言うことが大切になってきます。

言い換えると常に世の中の流れや目の前にいるお客さんのニーズを見てそれに応えていく形でサービスをアップデートし続けるということが価値になります。スマートフォンのアプリ等は人気があるものほど短いスパンでアップデートされ続けていますし、そうすることで既存のユーザも飽きずに使い続けてくれる関係性が構築されます。

進化し続ける限り安全

今お伝えしたことをまとめると商品もそしてあなた自身も進化をし続けている限り安心なのです。逆にずっと変わらずに同じところに居続けているということはリスクです。だから本書を読んでくれているあなたのような新しい挑戦やチャンスを生み出し続けていくという考えを持っている人は周りの人からしてみれば少し変わり者かもしれませんが、長期的に見れば安全なことをしているのだということがいえます。

とにかく常に進化を続けると言うことが大切なのですが、あなたがシードを手にして天命を形にするビジネスに取り組むことで、進化そのものも楽しめるようになってきます。

人間は本質的に変化を求めている

私は人間は本質的に変化を求める生き物だと考えています。例えば３６５日、毎日朝も昼も夜も一寸の狂いもなく完璧に同じ味、同じ見た目のオムライスを食べ続けて「幸せ」だという人は限りなく少ないはずです。程度の差こそあれ、人は何らかの変化という刺激を求めて生きています。ということは、自分に心地のよい変化を選択すれば進化そのものが楽しくなってくるのです。

11　はじめの「うまくいった」を発見する

原則は『うまくいくことを続けて、うまくいかないことは辞める』

商品づくりだけでなく、販売方法にもサービス提供にも当てはまる「勝ちパターン」を発見する原則があります。その原則とは「効果が生まれたものを残し、効果が生まれないものは扱うことをやめる」ということです。一見シンプルなようですがこれができている人は成果が上がるまでが非常に速くなります。

人間は誰もが執着心を持っています。ですから「いちどはじめてしまったことは止めることが難しい」といった習性があります。これは行動心理学で言うところの「コミットメントと一貫性の法則」というものなのですが、この罠にはまってしまうと抜け出すことが難しくなります。

「知らないことの発見」を楽しむ

誰もが自分の商品には愛着を持っています。それがはじめての商品ともあれば尚更です。ですが、「うまくいかないことは止める」の原則を考えるなら、反応がイマイチな商品は早くに手放して次の取り組みを進めるべきなのです。それを行う上でのポイントは知らなかったことの発見を楽しむことです。うまくいかないことの発見は「うまくいった」を発見するための大きな前進なのです。

第6章

31日目
人生に変化を与える
最初のプレリリース

1　世界と繋がるメッセージ

インターネットは魂を繋ぐツール

自分自身の商品を世の中に出していく上では当然のことながら市場にいる人たちとコミュニケーションをとっていく必要があります。世界に対してあなたのアイデアを発信することで、あなたのことを求めてくれる人たちと出会っていくことができます。

あなたがメッセージを発信していく手段は様々です。まずは直接会って近い人から広げていっても構いませんし、お店であれば近くに広告をまく方法もあります。あるいはスマートフォンを手に取ってオンラインでメッセージを発信していくこともできます。

現代ではほとんどの商品・サービスを問わずソーシャルメディアでの情報発信は必須といえるかもしれません。

離れた距離を繋いでくれるネットワーク

インターネットのない時代はアイデアを発明することができてもそれを世の中に出していくことは簡単ではありませんでした。素晴らしい商品のアイデアがあっても、伝えたいことがあったとしても、それを世の中に発信していくにはコストがかかったのです。時間やお金というものを使う必要がありました。そのためには自分自身の足で歩いて人と出会ってアイデアを広めていくか、もしくは新聞や雑誌のような媒体を使って広告費用をたくさんかけることでしかメッセージを届けるということができなかったのです。

ですが、現在は違います。インターネットのおかげで様々な場所で、様々なコミュニティーでそして様々な年代の様々な価値観を持った人たちに対してあなたの伝えたいメッセージを伝えることができます。そうやって仲間を集めて商品を提供していくことが可能になりました。

ネットの本質に気づけば可能性が広がる

ですが、今のような状況はほんのつい最近はじまった出来事でしかありません。インターネットが生まれてからまだたったの１００年も経っていないのです。僕ら人間は当たり前にあることを「当たり前だ」と簡単に考えてしまいます。ですが、それは決して当たり前のことではありません。目の前に存在する素晴らしいツールを「当たり前」だと考えることでその素晴らしさを本当に使うことができなくなってしまうのです。ほんの少し前、この世界にインターネットが現れました。インターネットの存在によって人と人との距離が近くなりました。住んでいる場所や国に関係なくコミュニケーションが取ることができるようになったのです。

言い換えるとインターネットとは寂しさをなくすツールともいえます。多くの人がスマートフォンを手にしているのは、それがあることで他の人との繋がりを感じることができるからです。

ネットは魔法の箱ではない

僕たちはこの便利なツールを使うことでスマートフォンの向こう側にいるリアルな人間と会話をしているのです。デジタルネイティブの時代に生まれた人たちとそれ以前の人たちとの違いはインターネットが当たり前か？　そうではないか？　という大きな文化の違いです。

インターネットがまだなかった時代を体験している人はインターネットというとても便利なツールのことを何か特別な魔法の箱のようなものだと考える傾向があります。そしてそのように考えてしまうと、その魔法の箱の向こう側にいる生身の人間をきちんと見ることが難しくなるのです。この不思議な箱を使いさえすれば勝手にモノが売れるのではないかなどと勘違いしているような人がたくさんいます。

そうではなくインターネットは人間の心を繋げる道具であり、離れたところにいる人のことをリアルに理解するためのものです。このように考えていくことで僕たちは世界に向けて正確にメッセージを発信していくことができるのです。

2　1つ目の世界をみつける

1つ目のメッセージ発信の媒体を選ぶ

世界にメッセージを発信していくといっても今お話ししたように様々な媒体が存在します。

例えば、インターネットならフェイスブック、インスタグラム、ツイッター、ＴｉｋＴｏｋ、ＹｏｕＴｕｂｅ、ＬＩＮＥやブログ…他にも大手のウェブメディアなどまだまだあります。オフラインならリアルの交流会や、セミナー、郵送のダイレクトメール、テレアポ、フリーマガジンでの告知、紹介などです。

ここまで多いと最初は戸惑うと思いますが、安心してください。いまから情報発信の媒体の選び方について話します。

あなたに適した媒体を正しく知る

多くの場合、ＳＮＳを使ってメッセージの発信をしていくことになるだろうというお話をしました。ですが、ビジネスによっては別の媒体からはじめたほうがいいこともあります。

そこでまずはメディア（媒体）の選定方法について少しお話ししたいと思います。情報発信するメディアを決める場合でも、まず初めに見るべきは「どの市場にメッセージを投げるのか？」と言うことから考えていきます。

お客さんが見ている媒体はどこか？

何度かお伝えしていますが、市場とは売り手と買い手が出会う場所です。

場所を間違えてしまうと、どれだけたくさんのメッセージを発信しようとも誰も受け取ってくれません。

ひとつ子ひとり通らない寂れた商店街でチラシを一生懸命配ってもただ寂しい思いをするだけです。あるいは流行っているからといって10代に人気のメディアを使ったとしても、ユーザーたちの空気が読めないなら嫌がられてしまいます。

手順に合わせた正しい場所で正しいメッセージを発信する必要があるのです。メッセージを発信していくうえで、あなたのメッセージをしっかりと受け取ってくれる人がいる媒体を選ぶ必要があります。

メッセージ発信のメディアを選ぶステップ

① 自分が参入する市場を選ぶ
② その市場にいる多くの人たちが使っているメディアを見つける
③ そのメディアにいるライバルの広告を調べる
④ 広告を出し続けているライバルがいれば確定する

この4つのステップを順番に行うことでお客さんがいるメディア（媒体）を知ることができます。

ポイントはその媒体で「広告を出し続けているライバル」がいるかどうかです。広告を出し続けているということはそのメディアにはお客さんがいるということです。

大事なことですが、最もやってはいけないことは初めから2つ以上の媒体に取り組むことです。

既に使い慣れているメディアがあるのであれば構いませんが、そうでない場合はまず最初にメッセージを発信するメディアを1つだけ選んでください。なぜなら媒体ごとに文化がかなり変わりますし、戦術も変わってくるからです。

配信する媒体を決めたら次にＳＮＳでの投稿をつかった認知の獲得方法をみていきましょう。

3　専門性と人間性を示す2種類の投稿

新しいリーダーが求められる時代

今の世の中はリーダーを求めています。どんな媒体でもビジネスの告知を行う場合、これまでのように商品をアピールするだけでは不十分です。商品だけではなく販売している人自身のアピールが欠かせない時代になってきました。これだけたくさんの商品が氾濫している世の中ではよい商品も悪い商品も混在しています。誰もがどの販売者を信用していいのかわからないからです。

商品のよさと信頼性の両方を見せる

これは実際の話ですが「有名インフルエンサーが紹介しているから」という理由で美容系の商品を購入したら、とんでもない粗悪商品が届いた…ということも起こっています。

いまの時代は「どんな商品を購入するか」の前に「誰を信用するのか？」ということのほうがよ

りパワーを持ってきています。これは言い換えると、誰もが普段見ている界隈のリーダーを求めているとも言えます。

リーダーとしての情報発信

ソーシャルメディアでも、広告で集客するときでもメッセージの打ち出し方を間違えてしまうと誰も読まずに反応をもらうことが難しくなります。逆にたった2つのポイントさえ押さえることができれば、ファンになってもらい商品を購入してもらう関係性をつくることができます。

そのポイントとは「専門性」と「人間性」の2つです。これらの要素をメッセージに入れることで興味と関心を手に入れて「この人にお願いしたい」と選ばれるようになってきます。

専門性をアピールする

専門性とはあなたが扱っている商品が、「誰のどんな悩みを解決するのか」についての情報です。「たくさんの人に自分の商品を知ってもらいたい！」というのは誰もが考えてしまいますが、これは言い換えると八方美人になってしまいます。「みんなに伝えたい」というあなたのメッセージを読んだ人は「私には関係ないわ」とスルーしてしまいます。

人はいつも「自分に関係があること」に興味があります。例えば日常でいうなら「最近夜ふかしが続いて肌荒れしてるなあ」だとか「友達の〇〇ちゃんが旅行にいったらしいけど、私は仕事ばっかりだな」など基本的には「自分」についてのことばかり考えています。

言い換えると「なにかおもしろいことないかな?」や「何かお得な情報はないかな?」と自分にメリットがあることを探しています。ですのであなたが「誰」にとって「どんなお得」があるのか?という話をすれば、読んだ人は「それが聞きたかった!」と反応をしてくれるのです。この「誰」に「どんな得」を含んでいる情報が専門性のある情報です。専門性とは言っても何か難しい話をするというわけではありません。

人間性を伝える方法

次は「人間性」を伝える情報です。商品を販売するのにどうしてあなたの人間性（パーソナリティー）を伝える必要があるのでしょうか?　その理由はお客さんは何を買うかだけでなく、「誰から買うのか」ということも重要視しているからです。

現在は似たような商品の数が多すぎて玉石混合の時代です。いい商品もあれば粗悪品もあります。お客さんは「誰を信じたらいいのかわからない」と悩んでいます。言い換えると「信じられる人」を探しています。もしあなたがお客さんにとっての「信じることができる人」であったなら、彼らから頼られる存在になります。またどれだけ商品が素晴らしかったとしても、信用ができない人からモノを買う人はいないという理由もあります。

あなたもこんな経験があるかもしれません。家電量販店で「今日は冷蔵庫を買おう」と決めていたにもかかわらず、対応した店員の態度が悪かったり、ウマが合わずに買うのをやめてしまった…そんな経験を多くの人がしています。お客さんは何かを買うとき、それがたった1回の購入でも信用することができる相手から買いたいという心理をもっています。あなたは発信するメッセージを通じて「私もあなたと同じようなですよ」ということを伝える必要があるのです。

あなたが普段どんなことを考えていて、どんなアイドルが好きで、学生時代にどんな音楽を聴いていたかなども場合によってはお客さんからの安心を手に入れる上で役立つことがあります。ビジネスで見せる顔とはちがったあなたのプライベートを見せることも人間性が伝わるよい方法です。

4　3年前の自分に語りかける

1000名以上の見知らぬ人に話しかける

少し想像してみてください。今あなたはかなり広い体育館にいます。そこでは1000名以上の人たちが集まったカンファレンスが開かれています。あなたは今から5分後に舞台に上がって30分間のスピーチをしなければなりません。そしてあなたにとって「一番の問題」はそこにいる1000人の参加者のことを何一つ知らないことです。彼らがどんな目的で集まったのか、どんな人たちなのかをまったく聞かされていません。そんな状態であなたはこれからどんなスピーチをすればよいでしょうか…？

今想像してもらったのは例え話です。そして…これはあなたが使っているＳＮＳで毎日のように起こっている出来事なのです。ＳＮＳでは「役に立つ投稿をすればいい」といわれますが、「何が役に立つのか」についてわからなければ何を話していいのかわかりません。それがＳＮＳで空回りしてしまう多くの原因です。

初心者の気持ちを思い出す

すべてのコミュニケーションは「誰」とコミュニケーションをするのか？　からはじまります。どれだけ素晴らしいメッセージを書いたとしても、聞いてくれる人がいなければただの独り言です。誰しも情報発信をはじめたばかりのころは自分が誰に向かって話しているのか、話している内容が伝わっているのかわからずにメッセージがブレることがあります。

そのときに考えてほしいことは初心者のころの自分に語りかけるということです。あなたも最初は自分の扱う商品について何も知らなかったはずです。生まれた瞬間に「商品のアイデアを思いつきました！」なんて人は存在しません。誰しもが体験を通した学習というプロセスを通ってアイデアを手に入れます。ですから「まだ何も知らないころの自分」に教えてあげるようなメッセージを書けば、当時の自分と似たような人が読んでくれます。

さらに素晴らしいニュースがあります。それは世の中には毎日大量の初心者が新しく生まれているということです。あなたを必要としている人たちが毎日たくさん世の中に現れてきています。

人は毎日大量の情報をインプットしています

ということは、３年前のあなたは今のあなたと比べて知らないことがほとんどです。もしかすると、あなたが提供しているサービスについては全く知らないかもしれません。ですから、そのころの自分に対して「こんなときはこうすればいいよ」と教えてあげたり「こういう問題はこのステップで解決できるよう」と教えてあげることができると思います。

逆に全く知らない人を相手に何かを伝えることはかんたんではありません。相手の人がどんなことに興味があって、どんなことに悩んでいるかわからないからです。顔の見えない誰かに対して話しかけることなんて、考えただけで恐怖を感じる人もたくさんいます。ですが、過去の自分だったら当時悩んでいたことがはっきりとわかりますし、その頃に誰か助けてくれる人がいたらこんなことが言って欲しかったという言葉も思い出すことができるかもしれません。

ポイントは背伸びせずに等身大でメッセージを伝えていくということです。まずは今自分が知っていることについて話すということからはじめてみてください。

5　ソウルメイトに紐づく交流をはじめる

SNSでソウルメイトをみつける

あなたがメッセージを届ける媒体としてSNSを選んだのであれば、メッセージを届ける相手を増やすということを毎日の日課としてください。考え方としては新聞や雑誌と同じです。新聞や雑誌は購読者がいます。積極的に読んでくれる人が何人いるかによってメッセージを届けることができる募集が変わります。あなたが１通の投稿をしたとしても、それがたったひとりに対してしか届かないのか１００人に対して届くのかだと全く意味は違ってきますね。それが１０００人や１万人という規模になってくるとなおさらです。

あなたと繋がった人全員がお客さんになることはありませんが、興味を持ってくれた人のうち何人かはあなたが提供している商品を喜んで手に取るかもしれません。そのためにはあなたと興味や価値観を見た人たちとの交流を広くしていく必要があります。

ここでのポイントは「数ではない」ということです。多くの人はＳＮＳでサービスの告知をするときに「とりあえず数を増やさなきゃ」と言ってあなた自身が興味を持てそうにない人や関心もない人たちとの交流の数を増やそうとします。そしてその結果、あなたの商品を案内しても誰も見向きもしないということが起こります。あなたはそのときに「これだけたくさんの人がいるのにお客さんはひとりもいなかった！」とやっと気づくことになるのです。これは多くの人がやってしまう間違いです。ただ単に数を集めるのではなく自分と似た人、友人としても付き合えるような人を集めるということを考えてください。

これはビジネスを続けていく上でとても大切な考え方になります。ビジネスであっても長いお付き合いができる人間関係を持つという考えを大切にしてください。

自分と似た人を集める方法

それでは実際にあなたの扱っている商品に興味があって、しかもあなたに似た人はどこにいるのでしょうか？　それはあなたのソウルメイトの近くにいます。少し前にあなたの市場には同じような商品を扱っている同業他社さんがいるという話をしました。その中には将来長期的な人間関係となるソウルメイトが存在しているという話もしました。彼らはあなたより先にこの世界に対してメッセージの発信をしています。そして彼らの発信を楽しみにしている人たちもその周りにいます。

ですが、ソウルメイトの周りで彼らの情報を楽しみにしている人の全員が既に商品を買っているわけではありません。中にはただ単に話が聞きたいだけの人だったり、商品に興味があっていくつか試したんだけどまだ問題が解決していないという人もたくさんいます。

ダイエット商品を買う人はまたダイエット商品を買う

人は1つの商品を買ったからといってそれで完全に満足する生き物ではありません。ダイエット商品もその1つですね。あなたがこれまでにダイエットに関する商品やサービスを手にした数はいくつあるでしょうか？

ダイエット関連の本や雑誌を買ったことがあるかもしれませんし、デトックスのサプリメントを買ったことがあるかもしれません。つけているだけで痩せるというブルブル震えるベルトを買ったことがあるかもしれませんし、コロコロ転がしてマッサージするだけで脂肪が燃焼する謎のアイテムを手に入れたことがあるかもしれません。

そして今言ったような商品を1つでも買ったことがある人は、また次の商品を買っています。このことを考えるとあなたのソウルメイトの周りにいる人たちは「次の商品はどこだろう？」と探しているともいえるのです。そして実際に彼らは購入します。買い物を止めることはないのです。

あなたは彼らに自分のことを知ってもらうために、ソウルメイトの周りにいる人たちにフォローを促すことができます。友だち申請をして役に立つ情報を届けてあげることができます。そうやって彼らとの交流をスタートすることは最初のステップとしてはとてもよいアイデアです。

6　自然と仲間が集まるメッセージ

フォロワーの数と売上は必ずしも関係ない

まず大切なことですが、ソーシャルメディアにおいてはどれだけリアクションの数があったとしても実際にあがる売上とは何の関係もありません。実際にフォロワーが数万単位でいるインフルエンサーでも売上は全然ということはよくあります。人気があるということとその人からなにかを買いたいということは全く別なのです。

ですから単にフォロワー数を増やすのではなく、あなたが「仲間だ」と感じることができる人たちと繋がりをつくり出していく必要があります。

1歩踏み込んだ共通点の打ち出し

人は共通点を持っている人間に対して親しみを感じます。ですが、実際に会ってもいない時点では共通点を見つけるのはかんたんではありません。

まだ仲間になっていない状態から共通点を見つけるためには、まずこちら側からボールを投げてあげる必要があります。何を投げかけるのかというと『共通の問題』です。

『共通の問題』を発見する方法

あなたはあなたの商品を通じてお客さんの問題を解決します。例えば、あなたがハンドクリームを売っているのだとしたら、ハンドクリームが解決する問題はたくさんあります。単純に手を乾燥から防いでくれる機能もありますし、手に潤いを与えてシワを目立たなくさせてくれると言うことがあるかもしれません。あるいはいい香りがすることで気分をリラックスさせてくれるという役割もあるかもしれません。あなたはこの問題の解決方法について教えてあげることができます。

それは「私たちはこんな問題があります」「この問題があるせいで他にも満足できないことがこんなにあります」と誰もが同じように感じている問題について話すことができます。すると同じような悩みを抱えた人たちは「私もそんな悩みを持ってます」と共感がはじまるのです。先ほど話した通り人は共通点を持っている人のことを仲間だとみなします。そして共通点は同じ問題をシェアすることで感じることができるのです。

もちろんいつも問題ばかりを共有する必要はありません。あなたの興味があること、例えばヨガやサウナについての話などで共感を生むこともあるかもしれません。ですが、最もパワフルなことは共通の問題について話すことです。人はポジティブな情報よりもネガティブな情報のほうが2倍大きく感情が動くという調査があります。これは「ネガティビティ・バイアス」と呼ばれます。

「共通の問題」は他人への悪口ではない

毎年4月に会社に入った新入社員同士が仲良くなる一番のトピックは上司の悪口ですね。これは悪感情の共有というものです。「嫌なことを共有して仲良くなる」これは人間が持つ習性の1つだと思います。人の悪口をいうことには問題があります。ですが「共通の問題」は必ずしも人間である必要はありません。

新しいことにチャレンジすると必ず問題は生まれます。それは目の前に起こっている出来事だったり、シチュエーションだったり、道具が足りないことだったり、あるいは自信が足りないことだったりです。そういったことが「共通の問題」として現れてきます。

あなたはこういった「共通の問題」についてシェアし、あなたの考えを話すのです。そうすればあなたと似たような考えを持った仲間たちが集まります。そして彼らなりの意見を話しはじめるのです。そのようにしてあなたは仲間をつくっていくことができます。

もちろん問題はただ共有するだけではなく、その先で「解決した未来」も見せてあげる必要があります。それがあなたの提供する素晴らしい商品なのです。

7 「新しい世界」へ仲間を招待する

悩みを話せる場所を用意する

ＳＮＳなどを通して市場の中にいる人たちと交流をはじめてあなたは少しずつ仲間の数を増やしていくことになるでしょう。そして仲間が増えてきたら、彼らがいま抱えている悩みを聞いてあげることができます。あなたが解決できる悩みもあれば、解決できないものもあると思います。

どちらにせよ悩みを聞いて寄り添うことで、人間関係が構築されます。そうしていく中で、あなたの商品が解決できる悩みもでてきます。そうすれば解決策として商品を提案してあげることで、はじめてのお客さんを手に入れることになります。最初にあなたの商品を買ってくれるお客さんは本当に特別な存在です。なぜならまだ実績もないあなたの商品を信じてくれる存在だからです。あなたははじめての特別なお客さんへサービスを提供しながら商品をさらにいいものへとしていくことができます。そうしてさらに多くの人たちが求めている商品へとバージョンアップさせていくことができます。そのためにはまず最初にあなたの解決策（商品）に興味を持ってもらう必要があります。それを実現する方法は「悩みを話せる」場所をつくることです。ほとんどの人は抱えている悩みを話せる場所を持っていません。ですが「安心できる場所」を用意することで打ち明けてくれるのです。

商品提案の1つ手前のステップを用意する

「悩みを話せる場所づくり」とは言い換えると、お客さんになってもらう1つ手前のステップを用意することです。悩んでいる人に直接の悩みを話してもらうことができる機会を提供することができます。ここまでで私たちは市場にいるライバルのことも調べましたし、そこに紐付いているお客さんたちのことも調べてきました。

ここで最後の仕上げとして目の前に来てくれる悩みを抱えている人の具体的な悩みを聞いていくのです。

悩みを話したくなる場所づくり

あなたがコミュニケーションを取りはじめた仲間（フォロワーさん）の今現在の悩みを聞く方法は2つです。

- 1つ目は悩みを打ち出してみる
- 2つ目は広めにアンケートをとる

具体的な方法としては1つ目の「悩みを打ち出してみる」方法はソーシャルメディアの投稿などで次のような質問を投げかけてみることです。

「もし○○のような悩みを持っていたら教えてもらえませんか？　○○を解決する方法についてま

とめたレポートをお届けします」

このようなメッセージを投げかけてリアクションをくれた人に対してアンケートさせて貰います。そうやって今現在抱えている悩みの本当の部分について直接聞くことができます。

アンケートで悩みの情報を集める

2つ目の悩みを打ち出さないでヒアリングをする方法等についてはズバリ「アンケートに答えてもらえませんか？」と直接お願いをすることです。交流をもった人に対して直接お願いしてもよいですし、投稿で広く答えてくれる人を集めてもよいです。重要なことは、今の段階ではセールスをすることが目的ではないということです。私たちの目的は提供する商品でお客さんの悩みを解決していくことです。

ですから、商品やサービスを提供する前にまずは実際に起こっている悩みや症状を深く聞く必要があります。そして相手が求めている形で解決策を用意する必要があるのです。決して無理矢理売上をつくるためにアプローチをするわけではありません。ここだけは注意してください。

あなたは目の前にいる相手を導いてあげる存在です。導くために目の前にいる人の「本当の問題」とは何なのかについて一緒に考える時間を持つ必要があります。そして本当の解決策について、そしてその先の可能性についても見ていくことができます。それができれば商品は自然と売れてしまうものです。あなた自身がシードを見つけてこの物語をはじめたように、あなたが悩んでいる人に対して新しい可能性へ招待することがこのフェーズでの重要なことです。

8　最初のお客さんとの出会い

幸せをもたらすセールス

個別で具体的な悩みを聞いたら、解決策を提案してあげる必要があります。あなたの最初のお客さんとの出会いです。

英語でセールス（販売）という言葉がありますが、これの語源はラテン語でＳａｌｕｓ（サルース）といいます。この意味は幸せや健康という意味です。

ビジネスの世界でセールスという言葉が使われはじめたのは、お金と引き換えに商品やサービスを提供することが相手の幸せや繁栄を生み出すというように考えられていたからだといわれています。このことを忘れてしまうとセールスはうまくいきません。

あなたは相手にとっての幸せや繁栄をもたらす存在です。より多くの幸せや繁栄をもたらしていく道の中であなたは天命を手に入れることになります。これはとても大切な考え方なので忘れないでください。

あなたはお客さんと関わることで彼らに幸せや健康を提供する存在だということです。

まずは情報を集める。次に提案する

ここではあなたが提供している商品のテーマについてアンケートを行います。そしてアンケートの中で出てきた具体的な悩みとあなたの商品が解決する悩みの「答え合わせ」を行います。

そうすることで、あなたが今から提供する商品をどんなふうに伝えれば最も価値が高く伝わるのか？　ということが少しずつ見えてきます。そうして相手の問題が解決した世界についても具体的に言葉にしていきます。

提案に必要な情報は4つ

ある程度悩みが集まった状態で一旦情報をまとめます。まとめる内容は次の４つです。

①　お客さんの抱えている問題

②　問題をそのままにしておくと起こる新たな問題

③　それを解決する方法

④　その解決策を実際に実行するステップ

この４つの情報をまとめます。これが出来上がったらこれまでアンケートに答えてくれた人に対して改めて連絡を取り、問題を解決する方法について提案をしていきます。

もしあなたがプレゼンテーションをつくることが得意なのであれば、用意した４つの情報をパワーポイント等にまとめると提案がスムーズになります。

9　必要なことはただ確認するだけ

本当の問題を確認する

多くの人がセールスをするということに対してはとても心の抵抗を感じます。ですが安心してください。ここまでたくさんの情報をヒアリングしてきたあなたのすることはたった1つです。それは確認をするということです。

「このような課題があると話されていましたが、その問題を解決することに興味はありますか？解決策をまとめたものをお話させてください」とただ確認をするだけです。ここまでであなたがヒアリングした悩みが本当にその人にとっての悩みで、解決策がその人の望むものであれば興味を持って話を聞いてくれます。そして1つずつ解決策のステップを確認することで安心してもらいます。その結果、あなたの商品提案を喜んで手にしてくれることになるでしょう。そうしてお客さんの新しい物語がはじまります。あなたは物語の導き手なのです。このときがあなたとお客さんとの新しい人間関係のはじまりなのです。

セールスが完了したら関係が終了すると考える人はいるのですが、そうではありません。ここからがはじまりです。とはいっても「ただ確認するだけ」ということが難しいと感じる人もいます。そういった人に私がいつもアドバイスすることはシンプルです。

不安を取り除く方法

「新しい商品を提案するときは売れるか、売れないかを忘れてください。それよりも大切なことは目の前にいる人の抱えている悩みの『本当の部分』が聞き出せているかどうか？ に注意してください」これははじめて商品を提案する人に言っているアドバイスです。

究極的には人があなたからものを買わないのは2つの理由だけです

・お金を払ってまでは欲しくない
・欲しいけどお金がない（足りない）

これだけシンプルなことなのです。あなたはお客さんに質問することで、この2つの内どちらかなのかを確認することができます。

「この人はお金を払ってまでその問題を解決したいのかな？」

相手が欲しいと考えているようなら

「どうやったら手に取ってもらうことができるかな？」と考えてください。

このことを突き詰めると、商品が売れないのはあなたが正しいことを伝えることができなかったからではなく、相手の本当のところを理解することができなかったからだということが見えてきます。ですがあなたはここまでのステップで市場にいる人たちの悩みについて聞く方法について学びました。ですから大丈夫です。ここまでの流れを行うことで、あなたのことを求めてくれる人との出会いが必ずあります。

10　運命を導く４人の仲間

運命の車輪が動き出す

はじめてのお客さんと出会ったら行動を止めてはいけません。いまは大きな車輪がやっと少し動きはじめたところです。少し動いたところで止めてしまったらもう一度動かすのにまた同じだけの力が必要となってしまいます。

逆にいえば、少しでも動きはじめたこの大きな車輪を止めずに進めることはかんたんです。そのまま流れに乗っていけば最初にかけたほどの力は必要なく前に進んでいくことができます。

初めの４名と共に成長する

ここで覚えておいてほしいのは最初の４名のお客さんが次なる大きな可能性を示してくれるということです。初めにあなたが販売しようとした商品は、あなたの頭の中のイメージにだけ存在していたものでした。それをついにあなたはこの世界に表して、実際にお客さんに提供するところまできたのです。この世に生まれたばかりの商品はまだグラグラしているような状態で安定していません。ですから、この世に現れたばかりの商品を求める人が他にもいることの確認をしていかなくてはいけません。そして実際に対価を払ってあなたの商品を喜ぶ人が4名現れたら、そこから次のステージへと物語は進みます。言い換えると、この最初の4名のお客さんはこの先のあなたの運命を形づくってくれる存在なのです。

心のブレーキは外すことができる

はじめてメッセージを発信しようと考えたとき、このようなことを考える人がいます。

「自分の意見を発信して他人からネガティブなことを言われたらどうしよう?」

実際にこういったことがブレーキとなってなかなか行動に移せないと言う相談をもらうこともあります。もしあなたが同じように考えてしまうのだとしたら、このように捉えてみてください。

本当のところはあなたのことを批判することができる人は存在しません

仏教の興味深い話があります。多くの人から信頼されているお釈迦様を見たある男が腹を立てて言いました。

「なんであいつはあんなに人気者なんだ。腹が立つ」

たくさんの人に慕われているお釈迦様を見て男は妬みを感じていました。そしてお釈迦様の前にトコトコと歩いていくと目の前で罵倒しはじめました。

「このバカ、アホ、マヌケ!」

そばにいる人が聞いていて耐えられないようなお釈迦様を否定する言葉を投げつけました。ですがお釈迦様はただその男が言うことを黙って聞いています。表情はとても穏やかです。ひとしきり男が文句を言われたときにお釈迦様は一言言いました。

「もしあなたが誰かに贈り物を送ったとして、相手が贈り物を受け取らなかったらそれは誰のものですか？」

男は答えました。

「何を言ってるんだ。相手が受け取らなかったらそれは送ったやつのものだろう」

そのように男は話しながらはっとしました。自分が今言った沢山の悪口はすべて自分に返ってきているということに。

すべてはあなたが選択できます

この話のポイントは誰かがあなたに批判や否定のような言葉を投げかけたとしても、あなたがそれを受け取らないという選択をすれば、それはあなたのものではないということです。本当のところであなたという存在を否定できる人は存在しません。だからあなたがこれからどのような行動をとったとしても大丈夫です。あなたについて望まないような発言をする人がいたとしてもそれはあなたではありません。だから安心してあなたに必要なことを行ってください。あなたの行動を邪魔できるという人は存在しないのです。

第7章

40日目～60日目
未来を変える
夢のはじまり

1　仲間を導き可能性をひらく

可能性を拡大し続けるステージ

ここまでの流れで、あなたはシードを土台に市場を見つけ、提供する商品・サービスを確立しました。そしてはじめてのお客さんを手に入れるというところまで来ることができました。ここからはあなたの天命に向かう旅の仲間をどんどん集めていくステージに入ります。

お客さんを集め、彼らをひとりひとり導いていきながら仲間がどんどん増えていきます。そしてあなたは彼らを救うことによってさらなる力を得ていきます。仲間の可能性をひらくことであなた自身のもっと大きな可能性を開いていくことができます。

本来の素晴らしさに気づかせてあげる

お客さんを導くと言うことは、彼らが本来持っている可能性に気づいてもらうお手伝いをすることです。その結果、実際に新しいことができるようになったり、その人自身も気づいていなかった素晴らしさに気づくということが起こります。そのようにしてお客さんひとりひとりの可能性を広げていく活動がビジネスなのです。

このように考えてビジネスに取り組むことで、より多くのお金があなたのもとに訪れるようになります。たくさんの、そして大きなチャンスや人の縁も生まれてきます。

このような視点でビジネスをすることで、あなたはこれまでとは全く違う世界へと突入していくことができるのです。ビジネスをはじめる多くの人たちは「ビジネスとはどのようなものなのか」について本当のところについて知りません。ですが、あなたはここまでこの本を読むことでビジネスとは何なのかというものについての真実を知りました。ビジネスとは相手の可能性に気づかせてあげることなのです。

2　誰もが最初は初心者

門番を通り抜けた勇気

本書の最初のほうで門番について話をしました。あなたはここへ来るまでに複数の門番と出会ったかもしれません。そのたびに何度も道を引き返そうかと感じたかもしれません。ですがあなたは諦めませんでした。どの人の物語も最初の章では特にたくさんの門番が現れます。そしてこれから先進めていく物語の中でも新しい門番は現れます。一度やっつけたと思っても、また何度も出てきたり、時には予想外のところから顔を出す門番も出てくるでしょう。

ですが、門番を通り抜けてから立ち止まることなく前に進み続けてしばらくすると、あなたはすでに元いた世界とは全く違うところにたどり着いています。そのときには後ろを振り返っても門番はいません。過去の門番にはもう出会うことはありませんし、会ったとしても気づくことがありません。なぜならあなたははじめにいた場所からは遠く離れて成長したからです。そのことに気づいたら、とても勇気を感じると思います。その理由はあなたのお客さんや周りの人はまだその問題に怯えているからです。

あなたはもう後戻りすることはありません

ですが、あなたは違います。あなたはもうすでに門番をやっつける方法を知っています。その方法を教えてあげることで他の人を勇気づけてあげることができます。あなたは元にいた時点から全く違った人になっているのです。あなたは自分自身が与えられた可能性を実際に形にしはじめているのです。これから新しいステージという門が開くたび、また初心者のように感じることがあるかもしれません。ですが、それはその先にある新しい可能性を開くためのシグナルです。

次は手に入れた新しい可能性を確信に変える方法を話します。

自信を手に入れる4つのステップ

「繰り返しはスキルの母」という言葉があります。なにか新しいスキルを身につけるためには、一度トライしただけでは身につきません。2回、3回と何度も繰り返すことでスキルとして身についてくることになります。これはお客さんと出会うというスキルも同じです。

はじめてのお客さんを獲得するという経験は「たまたま」です。同じことがもう一度できると次は「偶然」となります。そして3回目で「確信」となるのです。それが4回目には「自信」となります。

手に入れた自信がさらなる自信を生む

既に4名のお客さんを獲得できたあなたは自分の商品を販売する自信を手に入れました。「この商品は売れる」という自信を持って、あなたはここから広告という拡張システムを使ってお客さんを獲得していきます。そして更なる可能性を手にしていくのです。

ここからは手に入れた自信をさらに積み上げて可能性を大きくしてゆくことができます。

3　可能性を確信に変える拡張システム

広告をつかって可能性を一気に拡大する

冒険の仲間を手に入れたあなたは次の可能性へと進みます。はじめの4名のお客さんとの出会いは、あなたの物語の最初のステージです。そしてここからは次のステージ、広告を使ってお客さんとの出会いを増やすというフェーズに入ります。

広告と聞くとはじめは誰もが「お金を使って元がとれなかったら怖い」と感じるものです。ですが安心してください。正しいステップを踏んでいくことで広告をお客さんとの出会いを生み出すシステムにすることができます。

無料の活動の限界を超える

広告を使う前は、あなたはメッセージを届けることができる人の数に限りがありました。ＳＮＳで投稿することにお金はかかりません。ですが投稿しても、あなたのメッセージを読むことができる人はごく一部です。動画を投稿したとしても見ることができるのは、基本的には繋がりがある人だけです。コストをかけずに無料でできる活動には制限がかかっているのです。ですが広告を使えばその制限がなくなるのです。

広告は全世界へメッセージを発信する拡張システム

広告を使うことで、あなたはこれまで一切繋がりがなかったたくさんの人にメッセージを届けることができるようになります。住んでいる場所やコミュニティーに関係なく、あなたが選んだ人たちに対してメッセージを届けられるのです。様々なソーシャルメディアやブログ、フリーペーパーなどの様々な場所にサービスの告知をしていくことができるのです。

そのようにメッセージを発信していく中で様々な人が反応してくれます。その中の一部の人が実際にあなたのお客さんになるでしょう。そのような流れをつくることであなたの可能性がどんどん形になっていきます。

広告は世界中どこへでも制限なくあなたのメッセージを発信できるツールです。ですから、メッセージを洗練させていくことで、世界中どこからでもあなたの物語の仲間を増やしていけるということです。

広告を専門家に依頼して、自分の得意に集中する

もう1つ広告を使うことのメリットは、自分が得意なことにもっと多くの時間を費やすことができることです。お金をかけずに商品をアピールしてもメッセージを届けることができる人の数は限られています。多くの人にメッセージを届けるには、より多くの時間が必要となってしまいます。ですが、広告を使うことで、そういった時間を自分が得意な別のことに回すことができます。

このように考えてもらうと、広告を運用することについては得意な人にお願いしたほうがいいケースが多いです。お金を払ってできる人に依頼するということですね。

その理由ですが、多くの場合、あなたがシードを育てることは広告について勉強することとは関係がないからです。ただし注意してほしいのは、人に依頼するにしても成果を見ながら「小さくテスト」していくということです。

数字の管理だけは自分がやる

実際に広告をやっていく上で「どのぐらいのお金をかけて、それがいくらになるのか」といった

重要な数字は必ず自分自身で管理してください。この数字を見るという部分だけは他の人に頼ることができません。逆に言うと数字さえ見ることができれば、後のことはお願いしてしまっても大丈夫です。

得意な人にお願いするというのは、数字管理以外はすべて任せてしまうということです。細かな部分をみるよりも、得意な人の能力を活かせるようにしたほうがいいパフォーマンスが得られるからです。

4　エネルギー循環の秘密

お金を使える器＝可能性の大きさ

4名の仲間を手に入れたこのステージからは、あなたの器の大きさがカギになってきます。なぜなら器の大きさによってあなたが扱える金額が変わってくるからです。

さらに器の大きさによって、ビジネスの大きさ自体も決まってきます。どのくらいのお金を扱うことに慣れているかということが、あなたの可能性の大きさなのです。

ここにエネルギー循環の秘密があります

お金は1つのエネルギーです。人間のいろいろな感情を含んだエネルギーです。このことが理解できると、お金を使ってお金を生み出していくということはエネルギーの調整だということが見えてきます。

エネルギーは止めてしまうと入ってこなくなります。逆により多くのエネルギーが流れるように取り組めば、さらに多くのエネルギーの流れを生み出すことができます。

これには1つの法則があります

それは先に出すことからはじまるということです。言い換えると先に使うことで、あなたの可能性を広くしていくことが可能になります。これは広告でも同様です。さらにこの先、あなたがビジネスのチームをつくるということを考えたときも同じです。あなたは先に何らかのエネルギーを提供して、そして次に何が起こるのかを観察する必要があります。

もちろん毎回出した分のエネルギー以上が返ってくるかどうかはわかりません。なので、小さくテストをして観察することが大切なのです。

エネルギーは、常に循環させるということを意識してください。そのうちに慣れてくると、いちど出したエネルギーが5や時には10になって帰ってくるということが起こりはじめます。そうなれば、あなたはエネルギー循環の法則をマスターしはじめたということになります。

このエネルギー循環のコツをつかんだら「1を出して10戻ってくること」を1つの基準としてください。広告で言うなら10万円だしたら１００万円にするというものが基準になります。

5　ユニコーンの発見

ユニコーンを探せ

広告をつかってお客さんを集めはじめるステージでは「ユニコーン」を発見することでビジネスが急成長をはじめます。ユニコーンとは最も収益に繋がる広告のことです。

広告はいくつも出していくものなのですが、その中でたった1つのうまくいく広告を手に入れるということを考えてください。実際にどうにも立ち行かなくなってしまったビジネスがたった1つの広告で生き返り、大きな発展を遂げたという話はたくさんあります。

光に照らされたポイントを見つける

ユニコーンを発見する上で大切なことがあります。それはあなたの商品を購入してくれるお客さんが「どの媒体」を見ていて、「どんなメッセージに反応したのか」を知るということです。これは言い換えると「光に照らされているポイント」を発見するということです。

このポイントをメッセージを発信していく中で探していきます。そしてまず最初の「照らされているポイント」を見つけたらそのポイントに集中して広告を打っていきます。そうやってさらにうまくいく部分を見つけます。この流れを繰り返していくことで、その中からユニコーンが生まれます。

すべては小さくテスト

広告に関して大切な考え方は「すべては小さくテストする」ということです。常に小額でテストをしてうまくいったものを見つけて繰り返します。そしてうまくいかなかったものはストップします。ポイントはつねに複数のテストの広告を行っていって、いいものだけ残すという考え方です。

最初から大きなお金をかけてスタートしてしまうとギャンブルになります。そうではなくいつも小額でテストをして、うまくいったことを確認しながら少しずつ広告費を増やしていきます。広告の役割はあなたの商品に興味を示してくれる人たちを見つけて、あなたのところへ来てもらうことです。

あなたは小さなテストを行いながらお金というエネルギーを投資することで、少しずつお客さんを増やしていきます。広告とはあなたのメッセージをより多くの人に届けるツールです。

最初の1頭がすべてを変える

本来ユニコーンとは投資家が大きな見返りを期待できるスタートアップ企業を指して使う言葉です。私はこれにならって大きなリターンを生んでくれる広告のことをユニコーンと呼んでいます。

私もクライアントさんもユニコーンをたった1頭見つけることで驚くような大きな利益を生んでビ

ジネスが急成長するという経験をたくさんしてきました。

最初の1頭を見つけるとそれまでと比べて信じられないような数のお客さんが一気に入ってくることになります。そうなれば、さらに広告を打ってゆき2頭目、3頭目のユニコーンを発見してさらなる拡大をしていくことが可能になります。

6　上昇気流に乗り続ける

一気にステージを駆け上るタイミング

あなたが最初のユニコーンを発見したらそれは「上昇気流が来た」という合図です。この合図が来たら止まらずに気流に乗り続けてください。うまくいっている広告がさらに効果を出せるように回し続けます。

ここまでの流れの中でやってきたことがいよいよ大きな形になるタイミングが来ています。これまで以上のお客さんが流れ込んできますが、止めてはいけません。

勝ち馬にのってバイオリズムを上昇させる

人生における上昇気流はそれほどたくさんあるものではありません。あなたはそれを自分自身の手でやっとつかもうとしています。怖がるのではなく上昇気流に身を任せてどんどん新しいお客さんへ商品を提供していきましょう。

人生にはバイオリズムがあります。エネルギーがどんどん上昇していくタイミング、また逆に下がっていくタイミングが存在します。「勝ち馬に乗る」という言葉がありますが、勝っているタイミングで攻め続けることでさらに勝ち続けることができます。

そして今あなたはとてもいいリズムの流れに乗っています。このリズムをつかんだら離さずに活動を進めてください。

ステージをきちんと上がりきる

バイオリズムに乗ることで２頭目のユニコーン、３頭目のユニコーンまでも見つけていくことができます。ただし覚えておいて欲しいことは、この上昇気流はずっとは続かないということです。

この世界で起こっていることには波があります。今来ている上昇気流はしばらくすると落ち着いてきてしまいます。そうなれば次の波はいつくるかわかりません。そうなる前に今このタイミングでステージを上げきることが大切です。そうすれば手に入れたチャンスがまた新しいチャンスを連れてきてくれます。そうなれば勢いに乗ったあなたはもう誰にも止めることができません。

さらに素晴らしいことに、この上昇気流の余波はあなたの周りにいる人たちにも影響します。周りの人たちはあなたのそばにいるだけで上昇するタイミングに入ることができるのです。

大切なことはあなたが上昇できるタイミングが来たならきちんと上がりきるということです。

7 「現実の歪み」は安心して大丈夫

五感の感覚にゆらぎが生まれる

上昇気流に入っている人に共通の感覚があります。言葉で説明することが難しいのですが「なんだかフワフワしているような感じ」が続くという人が多いです。

本書ではホメオスタシスという概念についてお話をしました。人間は本能レベルで今の現状を維持するというシステムですね。上昇気流に入ると今持っている現状維持システムが　アップデートされはじめます。これまでいた世界とは違う世界に飛び込んでいるからです。一段階上の新しいステージに視座があがり、物事の捉え方、見え方、思考が変化していきます。

文字通り現実が歪むような感覚になる人が多いです。上昇気流に入ると普段よりテンションが上がっている状態が続いたりドキドキしたりする人もいます。手に汗をかいたり、何をしていても落ち着かないように感じます。

こういったとき多くの人は共通して「落ち着かなくては」と考えはじめます。「なんとなく地に足がついていない状態だから、一旦落ち着こう」と考えるのです。これは今まで五感で感じていた現実が変わってきている証拠なのですが、正常な反応なので安心して大丈夫です。

上昇気流を楽しむ

この現象のことを私は「現実の歪み」と呼んでいます。こういった体感がある人とない人がいますが、いずれの場合にしてもステージが上がった後は思考レベルも上がります。いまは無理して落ち着く必要はありません。むしろこのフワフワした感覚を楽しむ位がベストです。

「落ち着かなければいけない」というのは以前の自分の言葉です。過去のあなたは「今いる所が不安定だ」と感じるので、元に戻ろうと語りかけているのです。もちろんあなたは元いた所へ引き返すべきではありません。

ホメオスタシスをアップデートする

いままでと感じ方の変化を感じたらそのまま行動をし続けることが最も大切です。怖いから、なにか落ち着かないからと行動を止めると元の状態にもどってしまいます。そうではなく動き続けることでステージの切り替わりはそのうち完了します。そうなればもう元に戻ることはありません。

一度でも自分の力でお金を手に入れることができるようになった人は、その先で経済的に何かあっても何度でも復活することができます。それはホメオスタシスが高いステージで固定できているからです。ですからそれぞれのステージをきちんと上がりきって、そこでホメオスタシスを機能させるということがポイントとなります。また非常に興味深いことなのですが、ホメオスタシスも周りの人へと影響してくることになります。

8　行動を資産に変えるキャッシュメイキング術

1つの行動から10のリターンを生む

ここまででビジネスの土台をつくることができました。ここからは1つひとつの行動から数倍の価値をつくることを考えていきます。広告もその1つです。あなたの言葉をこれまで以上に多くの人に届けることができます。これまで1回の投稿をしたことで1のリターンがあったものが、広告をつかうことで5にも10にも、場合によっては100にもなります。

お金をつかって「苦手な仕事を人に依頼する」ことも1を10にするリターンとなりえます。自分でやると1週間かかってしまうことでも得意な人に依頼することができます。そうすればあなたはお金と引き換えに時間を手に入れることができます。その時間であなたが得意な仕事をすればお客さんへもリターンをお届けすることができるでしょう。それまでの1：1という視点から意識的に1：10を目指していくことで加速度的に価値を生み出し続けることができます。

リソースを集中して10倍にする

行動を資産に変えるということを考えたとき、あなたにもう一度思い出してほしいのは「才能にフォーカスする」ということです。才能とは「他の人の10分の1の力でできてしまうこと」でした。

これは言い換えると、自分でやると10の力が必要なことはすべて人にお願いするということです。周りを見てみるとあなたが苦手だけど、それが得意な人がたくさんいることに気づくはずです。そういった人を見つけてお願いできる関係性をつくることができます。

人間関係は最も価値の高い資産の１つです。エネルギーは循環しますから、いつも手伝ってくれる仲間には多くのお金を支払っても充分な見返りがあることでしょう。そうすることであなたは自分の才能に10の力を投下して１００にすることができるでしょう。

サービス提供からも10倍を生み出す

また講座などを提供する場合、ひとりのお客さんへの提供から複数のお客さんへ同時に提供する形へとアップデートすることも10のリターンです。個別サポートからグループのサポートへと切り替えることで、かける時間は１でもそこから生み出せる価値は10以上になってきます。また商品提供のサポーターを雇うことでサービス提供を充実させることができます。その結果、得意な部分に集中することで収益を伸ばしていくことができます。

行動を資産に変えるというのは自分の持てるリソース（資源）をすべて才能に注ぎこめるようにするという視点です。10倍のリターンと言うと最初は現実的だと感じることができないかもしれません。ですが得意なことは繰り返すことで改善されるので、いつの間にか10倍の価値を生むということが当たり前に感じられるようになります。

9　あなたの助けを待っている人たち

恐怖の魔王を乗り越える

この先でステージを上げていくと冒頭でお話した「恐怖の魔王」が現れます。ですが、恐れることはありません。そして行動を止めてはいけません。ここまで物語を進めてくることができたあなたなら必ず乗り越えることができるからです。乗り越えることのできない敵は現れません。

そして魔王をやっつけたその先には、想像もできないような「違い」が生まれています。しかも大きな宝物も手に入れることになります。それは収入だけではなく、生涯でかけがえのない体験となるでしょう。魂が生まれ変わるような体験です。

あなたはここまででたくさんのことを学んできました

とは言え、まだあなたの旅ははじまったばかりです。あなたは自分自身の内側を見つめることでシードという光を手に入れました。そしてこの光を伝って1歩1歩進めるごとに、偶然が確信に変わっていくという感覚を手に入れていくことになるでしょう。そしてこの道を1歩また1歩と前に進めることで天命へと近づいていくことになります。その中で、あなたはこれまでの人生からは想像もできなかったようなワクワクする体験をするでしょう。そして実現をすることを想像すらしなかったような夢を生きることになるでしょう。

どうしてそんなことがいえるのか？　と思うかもしれません。それはここまで話してきたことはすべて私が体験してきたことだからです。いま私がいる環境や手に入れた成果、体験、人の繋がりなどは私がシードを手に入れる以前ではまったく想像もできなかったものです。自分自身いまでも「夢を見ているのだろうか？」と思うことがあります。自分が自分ではないような感覚になることもあります。…とはいえ私の物語はまだはじまったばかりです。また続きをお話できる機会を楽しみにしています。

本書の主人公はあなたです

そしてあなたの壮大な物語もこれからはじまろうとしています。あなたが天命に気づくことで自分自身の可能性をひらくチャンスを得たように、あなたの周りにいる人たちもシードに紐づく物語を持っています。

あなたが彼らに関わることによって、彼らの物語がはじまるかもしれません。あなたはただビジネスをはじめる起業家ではありません。物語の導き手なのです。

もしかすると、あなたが物語を進めてゆく旅の途中で私と会うことがあるかもしれません。あなたがシードを手にしてビジネスに取り組み、天命を生きることで「最高に充実した人生を歩いています」という話を聞かせてもらえる日を心から楽しみにしています。

あとがき

本書を書くにあたって協力していただけた私のメンターたち、パートナー、そしてクライアントさんたちに本当に感謝しています。私がなんとなく感覚で感じていたセオリーを言葉にすることができたのは、彼らの助けがなくては実現できませんでした。

人はそれぞれが選択可能な運命を持っていると感じますが、それと同時に2つ以上の運命が重なり合ったり、すれ違うことでお互いに影響しているということも見てきました。

このように考えるとビジネスも人生も「誰」と一緒に過ごすかでシナリオも可能性も変わってきます。

それもすべて選択ですが、必要なタイミングで必要な人と出会えるということは奇跡だと思います。そういった意味では本書も1つの奇跡なのかもしれないと感じています。

この世に偶然はなくすべては必然です。本書を読んでくれたあなたが自らの選択で素晴らしい必然を手に入れられることを楽しみにしています。

冲田　賢史

著者略歴

冲田　賢史（おきた　けんじ）

マーケティングコンサルタント
日本、アメリカ、イギリス、スイス、マレーシアにクライアントを持ち、顧客獲得の仕組みの構築を教えている。2010 年からコピーライター、マーケターとして活動。国内で毎回数億円を売り上げるプロモーションの裏側をサポートしてきた。アマゾン年間ランキングトップ 10 に入る有名著者のプロデュースや千葉テレビのビジネス番組のプロデュースなど活動は多岐にわたる。アメリカトップクラスのマスターマインドで成果を上げたことがきっかけで、世界中の起業家たちと繋がりを持ち、ビジネスを拡大している。

たった60日間で手に入れる女性が輝くひとりビジネスのつくり方
～人生、夢を捨てなくても輝き続ける方法～

2023年 4 月27日　初版発行

著　者　冲田　賢史　© Kenji Okita
発行人　森　　忠順
発行所　株式会社 セルバ出版
〒 113-0034
東京都文京区湯島 1 丁目 12 番 6 号 高関ビル 5 B
☎ 03（5812）1178　FAX 03（5812）1188
https://seluba.co.jp/
発　売　株式会社 三省堂書店／創英社
〒 101-0051
東京都千代田区神田神保町 1 丁目 1 番地
☎ 03（3291）2295　FAX 03（3292）7687

印刷・製本　株式会社丸井工文社

Printed in JAPAN
ISBN978-4-86367-807-1